良心の復権

21世紀における良心の諸問題

遠藤順子・村上和雄
八城政基・本山博
小田晋

宗教心理出版

序にかえて

今日はＩＡＲＰ（国際宗教・超心理学会）の第二四回年次大会にお集まり戴きまして有り難うございます。

今年の大会の統一テーマは「良心について」でございますが、このテーマを選んだ理由は、一つには、今の世の中を見ていますと、人のために何かを一生懸命にする、人を助けるというような善といいますか、良心に発した行為をすることがわりあいに少なくて、自己主張、あるいは自分の権利を主張する、そういう、ある意味では非常にギスギスした世の中で、また、非常に争いの多い、嘘の多い世の中になったような気がします。

しかし人間には本来、そういう、物を求めて豊かな生活を送りたいという欲望、あるいは願いの実現を追求していく生き方の他に、先祖の霊とかあるいは神様に仕え、その神様や先祖の教えに従って、社会が平和で円満な社会になるように、安全な社会になるように願いながら、「自分」というものを捨てて皆と共生ができるように努め、先祖の霊あるいは神様に近づいて、大きな精神的な、あるいは魂の領域に入っていくことを願うという、二つの生き方が大昔からあった。人間が生まれてから四百万年～五百万年くらいになるわけですが、いろいろな遺跡の考古学的研究、分析、あるいはまた、歴史的な事実の分析等から、人間には物の豊かさを求める面と、精神的に成長して、社会が成り立っていくように努力する面、あるいはまた、個人の独立性、自主性を求める面と社会のために尽くす社会性の面、この両面の両立を求めつつ人間は現在までに生き延び、社会をつくってきたように思います。

ところが、今の科学主義に支えられて物質的に繁栄をした資本主義の下では、どうも、人間が物になってしまって、心、あるいは良心を忘れたような面の方が強くなってしまった世相がみられるように思います。

そこで、良心とはいったい何か、これから地球社会を実現していく上で、各民族のもっている倫理、道徳、あるいは生き方などを互いに認めながら、なおかつ、それら個々の違いを超えた良心、あるいは地球人としての良心、そういうものがこれから確立されないと、人類は一つの混乱に陥るのではないかと思いまして、ぜひ今、ここの会場にみえている方がたばかりではなくて、日本、世界の人びとに、良心とはいったい何か、良心というものを人間はもっているのかどうか、もっているとすれば、それはいったいどこからくるのかなどにつき、考えて戴きたいと願って、いろいろな専門の先生方のお話しを伺いながら皆さんと一緒に考え、良心を実現できるような、実践できるように努力できる意義のある会にしたいと思っています。

では、開会のご挨拶をこれで終わります。

一九九九年七月四日

本山　博

（於　ＩＡＲＰ第二四回年次大会開会式）

目次

〔公開討論〕
21世紀における良心の諸問題 ―― 良心の復権 ―― 165
――遠藤　順子（作家　遠藤周作氏　夫人）
――小田　晋（筑波大学名誉教授、国際医療福祉大学教授）
――村上　和雄（筑波大学名誉教授）
――本山　博（IARP会長、CIHS学長）
――八城　政基（RHJインダストリアル・パートナーズ会長、ニュー・LTCB・パートナーズ代表）
（司会）
――本山　一博（CIHS理事、玉光神社権宮司）

サムシング・グレート

遺伝子に秘められたメッセージ

筑波大学名誉教授
農学博士
村上 和雄

むらかみ・かずお

一九三六年奈良県生まれ。筑波大学名誉教授。農学博士。京都大学大学院農学研究科農芸化学専攻博士課程修了後、米国オレゴン医科大学研究員、京都大学農学部助手、米国バンダビルト大学医学部助教授を経て一九七八年より筑波大学応用生物化学系教授、一九九四年より先端学際領域研究センター長。一九八三年、ヒトの高血圧の黒幕「レニン」の遺伝子の解読に成功、一九九六年日本学士院賞受賞。一九九九年筑波大学定年退官。著書に『生命の暗号』『人生の暗号』など多数。

サムシング・グレート

遺伝子に秘められたメッセージ

村上　和雄

生命科学の現場から

皆様お早うございます。ＩＡＲＰの年次大会にお招きを戴き、話しをさせて戴く機会を与えて戴きましたことを大変嬉しく思っております。

生命科学という分野が今非常な勢いで進歩しておりまして、二〇〇三年、あるいはそれよりも前に、ヒトの遺伝子暗号が全部解読できるという、ものすごいスピードで研究が進んでおります。私どもが遺伝子暗号解読を始めました頃は、ヒトの遺伝子暗号全部の解読というのはかなり夢でありまして、おそらく二十一世紀の末頃までかかるのではないかというふうに思われていたその事が、非常にスピードアップされて、技術は加速度的に進歩いたしますので、ヒトの遺伝子暗号を含めて、おそらく二十一世紀中には全ての生物の遺伝子暗号を解読できるという時代を迎えつつあるということであります。

そういう現場で私どもがどんな研究をしているのかということと、それからもう一つは、その研究を通じて、特に生き物というものを扱っているわけですが、生き物というものが本当に素晴らしくて凄い！　というふうに思っておりますので、そういう話しをさせて戴きます。

今年になって二度ほど天皇陛下、皇后陛下にお目にかかる機会がありまして、私どもの研究の話しをさせて戴きました。一度は、両陛下のご自宅であります御所に招んで戴きまして、夕食をご馳走になりました。フランス料理でしたけれども、これは思っているほどご馳走ではなかったのですけれども、その質素なところが私には大変印象的でした。しかし最大のご馳走は、両陛下と紀宮様と私ども三名の六名が、食卓を囲みながら親しくお話しをさせて戴いたということでした。天皇陛下は、大変謙虚で聞き上手という印象でした。美智子皇后は、テレビの感じとはちょっと違いまして、わりによく意見を仰しゃいます。あるいは、質問されました。少し早口でお話しになって、紀宮様のことを「何々ちゃん」と呼んでおられました、テレビでは「紀宮が」と仰しゃっていたと思いますが。本当に、家庭で心こもるもてなしを戴きました。

今日話します話しは、殆どがその時お話ししたことだぶっております。

高血圧の黒幕を追う

私は何の研究をやってきたかといいますと、人はなぜ高血圧になるかという、そういうことを科学的に突き止めたいと思って研究をやってまいりました。この研究の歴史は百年以上ありまして、高血圧の研究で博士になった人は、おそらく世界中に何千人とおられると思います。そういう研究が進みました結果、病院に行きまして「血圧が高い」と言われますと、多くの場合は薬を飲むことを勧められまして、薬を飲むと血圧が下がります。しかしあれはただ血圧を下げているだけで、元から治してはいないわけであります。従って、薬を飲むのを止めますと大体元の高い血圧に戻ります。

なぜ高血圧を治せないかといいますと、一つは、人はなぜ高血圧になるかという、肝心なところがまだ殆どわかっていないということがあります。しかし、あまりわからん、わからんと言うと私どもがバカに見えますので、わかったことだけを説明しておりますが、「あなたはなぜ高血圧になったのですか」ということについては、まだはっきり言えないというのが現状であります。しかし大体のことは見当がつき出しまして、高血圧も遺伝子が関係しているということは、ほぼ間違いないと思っております。

しかもその遺伝子は一つではなくて、ひょっとしたら十個ぐらいの遺伝子が関係しているかもわからない。しかし多くの場合、遺伝子というのは眠っておりまして、遺伝子が眠っておれば、病気の遺伝子をたとえ持ったとしても、発病しないわけでありま す。そうすると、その眠っている遺伝子がどんな環境で目を覚ますかということについては、いろいろな説がありますが、どの遺伝子がどんな環境で目を覚ますかということについては、まだわからないことがたくさん残されております。最近、高血圧も生活習慣病ということで、生活習慣が影響を与えると言われております。それは間違いないと思いますが、具体的にどの生活習慣がどの遺伝子に影響を及ぼすかということについては、殆どわかっていないわけであります。

私どもは二十年ぐらい前から、高血圧を引き起こすカギを握る物質というものを、ずっと追いかけております。この酵素に、私どもは「黒幕」というあだ名を付けました。これは国際的には認められておりませんが、私どもの仲間では黒幕と言っております。どの世界にも黒幕というのがあるらしいのですが、高血圧の世界にも黒幕がある。なぜ黒幕かといいますと、自分はいっさい手を下さない。手下を使います。手下がホルモンで、黒幕は酵素であります。酵素といわれるものは私どもの身体の中に何千とありまして、その酵素のお陰で、私どもの身体の中では、小さな小さな細胞で数えきれないほどの沢山の反応が、見事なコントロールの下で、素晴らしいスピードで反応が進んでおりますが、血圧を上げる酵素も下げる酵素も身体の中にはあります。

その上げる酵素の正体を暴きたいというのが私どもの望みでありました。

三万五千頭の牛の脳下垂体の皮を剝く

私はアメリカに十年おりまして、アメリカの話しをすると大変おもしろいのですが、時間がありませんので省略いたしますが、筑波に今から二十三年ぐらい前に帰ってまいりまして、高血圧の黒幕といわれるものが脳の中にも潜んでいるらしいという証拠をつかみました。これはおもしろい！　高血圧の黒幕が脳の中にもあるらしい、取り出してみようということになりました。

そういう時どうするかというと、脳の中のどこにあるかをまず見当をつけます。そうすると、大脳、小脳にはあまりなくて、その下の脳下垂体、これはホルモンを分泌するようなものが沢山詰まっている袋でありますが、この袋にあるということがわかりました。

私が筑波に帰りまして一番活躍したのは、この脳下垂体をいかに安く大量に集めるかということでありまして、合計三万五千個の牛の脳下垂体を集めました。これを東京から定期的に筑波に運びまして、脳下垂体は親指の先ぐらいありますが、これは、難儀なことに薄い栗の皮みたいなものをかぶっております。この皮を破って必要なものを取り出すという作業を、大学で毎朝九時ごろから始めました。しかし九時からでは、何万頭と処理するためには何年もかかります。それで私は研究室の若い人に、「皆朝早く起きて皮を剝こう」と言いました。この皮さえ剝いたら世界に誇る仕事ができる、と言っておりましたが、これは正確に言いますと嘘でありまして、できるかもしれないし、できないかもしれないのであります。しかし「かもしれない」ところは聞こえないように言おうと思っておりました(笑)。

なぜこんな気になったかといいますと、私はアメリカの大学に十年おりましたが、アメリカの大学は大変厳しいのであります。研究のプロ社会と言ってもいいぐらい厳しいのでありますが、この中で、いい研究ができる、素晴らしい業績が上がる研究室と、そうでない研究室は何が違うかと思って見ておりました。そうすると、立派な研究業績がある研究室は、ほぼ間違いなく、その研究室の教授を「ボス」と言いますが、そのボスが、「この研究は絶対に花が咲く」と固く信じていることであります。しかし研究というのは、正確に言いますと、人のやらないことをやるわけですから、咲くかもしれないし咲かないかもしれない。それを「咲く！」というふうにボスが心を決めていることであります。私は、研究は心を定めるのが第一だと思いますが、心を定めなければ、こんな朝早く起きても、できるかもしれないしできないかもしれないというのではやってられないわけですから、「花が咲く！」と心を決めまして、半年ぐらいかかって、多くの人の協力を得て三万五千頭の皮を全部剝きました。

私は小さい時、人間で大切なことは「早起き・正直・働き」だと聞いておりまして、これを研究の現場でやってみようと思って、全部一つずつ皮を剝いて必要なものを取り出して、これを凍結乾燥して、インスタントコーヒーのパウダーのようにして、ここから物を選り分けていきますが、選り分ける技術に関しては私はアメリカで技術を開発しておりましたので、「絶対できる！」と固く信じておりました。しかし、酵素といわれるもの、特に黒幕の酵素は「レニン」という名前が付いておりますが、このものは、身体から取り出しますと働きが弱くなるのです。従って大きな冷蔵庫のような中で研究をしますが、最後の一週間ぐらいは徹夜をしました。なぜなら、最後でミスをしたらもう一回、半年、早起きをしなければならない。しかし皆がよく頑張ったお陰で、脳に確かな黒幕レニンがあるという決定的証拠を握りました。こういう時は、なんともかんとも言えない嬉しさであります。当時、筑波大学は世界的に見て名もない大学で、私どもの研究室は名もない研究室、そこから、私どもの分野で最も注目されている事に関する決定的証拠を握った。飛び上がりたいほど嬉しいのであります。
私は奈良県の天理高校という高校の出身で、進学にはあまり適さないのですが、野球とか柔道とかラグビーが強くて、ときどき甲子園で優勝します。あの時、「やったー！」と言ってマウンドに駆け上がりますが、ああいう感動があります。この味を覚えると研究がやめられなくなることがありまして、親が止めても先生が止めても止まらない、極道のようなことになる(笑)。極道というのは「道を究める」という意味もあるのですが。
とにかく一つそういういい結果が出ました。

〇・五ミリグラムでは足りない！

しかしこの研究はすぐ限界にぶつかりました。どんな限界かというと、三万五千個の脳下垂体を処理して一体どれだけ純粋なものがとれたかというと、〇・五ミリグラムしか取れない。

一グラムの二千分の一、これは目に見えない。目に見えないものを取るために三万五千個の脳下垂体を処理するというようなバカなことは今まで誰もやらなかった。だから私どもの強みは半分バカであったということであるし、大きな研究というのは、歴史上必ずしも偏差値秀才がやっていないのであります。偏差値と大研究はむしろあまり関係がないと思っております。

しかしこの話しをするとまた時間がかかりますので、一つだけ例を挙げますが、私は「命の不思議」ということでいろいろな先生と対談するようになりまして、そのうちの一人に福井謙一先生がおられました。ご存知の方もあると思いますが、ノーベル化学賞を取られた方であります。この先生との対談で私が一番おもしろかったのは、この先生が、ノーベル賞を取られて四、五年して、或る大学の学長をしておられました時、高校生が大学に行くためのセンター試験（当時は共通一次）を、高校生と同じようにやってみたと仰しゃいました。大変真面目な先生です。私は絶対にやらない。やったら、平均点取れませんから(笑)。この先生は、やってみたら英語はものすご

くよくできたが、化学をやったら平均点が取れなかった。これは本当の話しでありま
す。
この先生は人格者ですから、「問題が悪い」とは仰しゃらずに「私はできなかった」
と仰しゃいました。私はこれはよいことを聞いたと思いまして、うちの学生に伝えま
した。これはどういうこっちゃ、お前たちができる化学の問題を福井先生ができない
ということは、ノーベル賞級の研究と偏差値はあまり関係がない。しかしまあ、偏差
値もあまり悪いと困るけれど、私のところの大学ぐらいに入ってくれば十分で、あと
は「早起き、正直、働き」だと言って、研究をやっておりました。
そういうことで、〇・五ミリグラムの純品ですけれども、脳に黒幕があるという決
定的証拠を握った。〇・五ミリグラムでも私にとっては宝であります。しかし、〇・
五ミリグラムでは正体の解明ができない。完全な正体がわからない。どれぐらい要る
かといいますと、それの約百倍の量が要るのです。それを学生に言いますと、「先生、
何十年間、皮ばかり剝くの？」と言いました。こんなことは大学でやるべきではない
し、もっと困ったことは、黒幕レニンは牛から取ったのですが、牛の黒幕と人の黒幕

がちょっと違うのです。従って、悪口を言う人は、私どもの研究は、牛の高血圧を治すのに役立っても人の高血圧には役立たん、と(笑)。

医学は人であります。しかし、人の材料を何十万個、何百万個集めるということは絶対に不可能であります。

ネズミの黒幕の釣り出しに挑む

大きな大きな壁にぶつかりました。

こういう時どうするかというと、研究をいったん止めます。「もう止めよう、これ以上は進めない。ちょっと私はアメリカへ行ってくるから」と言って、大学を回って、なんとかこの大きな壁を突破する方法はないかと情報を集めにまいりました。

そうしたら、或る大学で私はとんでもないニュースを聞きました。どんなニュースかというと、人のホルモンとか人の酵素を大腸菌で作れるようになったと言うのです。仰天しました。「本当ですか?」と。人のホルモンとか人の酵素を大腸菌が作れる……。遺伝子工学という技術の幕開けであります。

私は直感的に、人の黒幕レニンを大腸菌で作ろうと思って、飛んで帰って来ました。私はそれまでは遺伝子のことについては何も知らなかったのです。しかし、「何も知らなかった」ということがむしろよかったのです。なまじ知っていると怖くて手が出せない。だから私どもの研究も、よけいなことは知らない方がいいのですね。

これはおもしろい、大変な技術だということにすぐ気が付きました。なぜなら、当時、人の黒幕レニンを一ミリグラムでも取ろうと思えば、材料費だけでも七千万円もかかるのです。こんな高いものは世の中にはないですね。ところがこの技術を使うと、人の酵素は何グラムでも何キログラムでも取れる。また仰天しました。そうすると私どもの研究室に何十億という金が流れ込んでくるかもわからない。使いきれなくなる。「今まで世話になった人全部に十倍ずつお返しをしよう」と言いながら、「これは凄いことになった！」と思って、この技術に入っていきました。

ところがすぐに、これは大変難しいということがわかってきました。人の酵素を大腸菌で作るためには、人の酵素の暗号を書いている遺伝子を取ってこなければいけない。これが難しいのですね。人はなかなか難しいですからネズミで実験しようと、ネズミの黒幕の遺伝子を取り出す仕事を始めました。遺伝子は動物でも人間でも約十万個はあると言われております。十万個の遺伝子の中から「この遺伝子」というふうに目印を付けて、一つだけ選り分けてくる。私どもは「釣り出し」といいますが、勿論竿で釣るわけではありません。目で見えるわけではありませんが、化学的に選り分けることを「釣り出し」と言い、釣りだしてくることができます。だから、数万個ある遺伝子の中からネズミの黒幕レニンの遺伝子を釣るという仕事から始めました。

苦労しましたが、若い大学院の学生が大変頑張ってくれまして、或る時私の部屋に飛んで来て、「先生、釣れた。ネズミですけれど、レニンの遺伝子が釣れた」と。研究室がウワッと湧きました。「やったあ!」というわけです。

遺伝子が取れたのですから、あとは暗号解読をすればいいというので、皆で手分けをして遺伝子の暗号を読もうと思っていたら、一週間ぐらい経ってまた夜中に一番頑張った院生から電話がかかってきて、「先生、負けた! 今日着いた最新の雑誌を見ていたら、パリのグループが私どもと同じアイデアでネズミの黒幕レニンの遺伝子を釣りだして、暗号解読に成功した、という雑誌が届きました」と言う。彼はショックで一晩か二晩寝込みました。なぜなら、私どもの研究は誰が一番最初に見つけたかということに大変な価値がありまして、二番手、三番手は「はい、ご苦労さんでした、またどうぞ」で全部消えます。銀メダルも銅メダルもありません。金メダル、あとはその他大勢、タッチの差でも負けは負けです。

ヒトのレニンの釣り出しに鎬を削る

私どもは負けました。研究室が沈みますけれども、私が沈んだら研究室は沈没しますので、空元気でも出そうと思って、皆に集まってもらいました。「確かに負けた。しかしその相手はパリのパスツール研究所という、二百年もの伝統のあるバイオの横綱であります。パスツールじゃしようがないじゃないか。日本の〇〇大学に負けたら頭にくるけれど、パスツールじゃしようがない。向こうは二百年、私のところは十年も経っておらんわけですから。しかも、あれはネズミのレニンの遺伝子で、ネズミの高血圧なんか治したって大したことがない(笑)。ヒトの高血圧を治すためにはヒトのレニンの遺伝子が要る、研究をネズミからヒトに切り換えよう」と。

そこで研究はネズミからヒトに切り換えます。しかしネズミの仕事は無駄ではなくて、ネズミの黒幕の遺伝子を持っておりましたので、これを囮に使ってヒトの遺伝子をおびき寄せることができる。しかし、そう書いてあるのですけれども、いくらやってもうまくいかない。ヒトはネズミよりもはるかに難しい。私はちょっとあせってきて、「ちょっとパリへ行って敵さんの様子を見てくるから」と言ってパリに行きました。

パリでやっている相手は私どもと数年来のライバルでありまして、勝ったり負けたりしております。「今年は一勝一敗であった」なんて言ってワインを飲んでおりますが、ライバルでおりますとだんだん仲が良くなって、或る程度手の内を明かしながら競争ができるようになりました。

私はパリに行って、「お前さんとこはヒトのレニンの遺伝子を釣っているか」と言ったら、「釣ってる」と言う。医学の世界は動物で成功したら必ず本命のヒトにいきます。「どこまで進んでいるか、ちょっと内緒で教えてくれ」と言ったら、彼はニッコリ笑って、「ヒトのレニンの遺伝子も先週釣れた。あとは暗号解読で終わる」と言うのです。「お前とこはどこまでいっとるか」と私に聞いたので、「私とこはネズミで負けたから、本命のヒトでなんとか挽回しようと思っているけど、いくら頑張っても遺伝子が釣れない」と言って全部手の内を話しました。

そうしたら彼は気の毒そうな顔をして、「このままではお前のところはネズミで負けて、ヒトで負けるな。二連敗やな」と言うのですね(笑)。「今この厳しい時代に二連敗したら、お前のところはもう当分立ち上がれんで」と言って同情されました。で、「お前のところの陣容では到底無理だから、ヒトを諦めて、たとえばサルに変わらんか」と言うわけです。

私も、ヒトで負けそうだからサルに変わろうかと思いましたが、最初にヒトのデータが発表されて、しばらく遅れて、「サルでこうでした」と言っても全然値打ちが違います。私は、負けた！と思いました。

しかし、もう一ヵ所だけ行こうと思って、ハイデルベルクというドイツの町に行きました。ここでまた悪いニュースを聞きました。ハイデルベルク大学の友達の話しによりますと、ハーバード大学はヒトのレニンの遺伝子を釣り出した、と。これはもう完敗やなと思いました。ハイデルベルク大学でも私どもよりも研究が進んでおりました。

ハイデルベルク大学は、ちょうど私が行った時、創立六百周年というのをやっておりました。うちの大学はまだ五、六年です。これだけの差があれば、いくら「早起き、正直、働き」でも勝てんなと思って、もうなんと言って筑波に帰っていいかわからない。皆あれだけ一生懸命ヒトの遺伝子を取ろうと思ってやっているのに、もう決定的差がついたからサルに変わろうというのも……と思って、今日は思いっきりビールでも飲んで寝ようと思って、或るビヤホールでビールを飲んでおりました。

最後まで粘れ！

そこで不思議なことが起こりました。一人で飲んでおりますと、日本の或る先生が偶然に入って来るのです。そんなことはめったにないものですから、私は、「いやあ、先生、ちょっと聞いて下さい。パリとハーバードに決定的差をつけられて、どう考えてもこれは挽回ができない」と。私は最初からずっと話しを一時間ぐらいしました。

この先生は京都大学の教授に三十五、六歳でなられたところで、その直後でした。彼は非常に意気軒昂、燃えておりました。これがよかったのですね。それからもう一つは、彼は心臓が非常に強かった。これもよかったのです。今から考えてみると、ビールが効いてきたということが一番よかった。二人とも、ものすごいハイになりまして、ハーバードやパリに負けたら悔しい！　ということになったのです。

彼は遺伝子工学の世界的な権威でした。「ヒトの遺伝子暗号解読というのは、九割九分読めても、最後の一分でつまづくことがよくある。今、絶対ヒトから手を引いてはだめだ。サルなんかに変わってどうするんや。そんなことやったら今までの苦労が全部水の泡だ、絶対ヒトで最後まで粘れ！　しかしちょっと待てよ、パスツールとかハーバードというのは相手が強すぎるな。筑波大学だけではこれは危ない。よかったら自分が全面的にバックアップするからもう一回だけ日本でやろう」彼がそういう提案をしました。

天の味方が付く

これは不思議なことが二つ起こりました。

一つはヨーロッパの街角で偶然に会ったということです。ハイデルベルクのビヤホールだって沢山ある中で、たまたま同じ所で会ったということ。それからもう一つは彼が助けてやろうと言ったことです。

私どもの分野は、先ほど言ったように、皆、金メダルを取りたいわけです。金メダルを取るためには人より一歩でも先に行かなきゃだめなのです。「また次にどうぞ」で皆終わってしまいますから。だから皆自分のことで必死です。人の足を引っ張ってやろうというのはいるんですけれども、人様を助けてやろうなんていう人は滅多にいない。こんなことがヨーロッパの街角で起こった。

私は直感的に、「これは勝てるな!」と思いました。天の味方が付いたと思いました。出来の悪い私どもが一生懸命やっている姿を天から見て、ヘルプしてもらったと。それで、あとの旅程を全部キャンセルして筑波に飛んで帰ってまいりまして、「私どもは勝てる!」と宣言をしました。あとから聞くと、学生は、「どうも先生はあの頃からちょっとおかしくなった」と言っていたのですが(笑)。私どもだけでは勝てないけれども、京都大学のあの有名な先生が全面的にバックアップをすると約束してくれたのだから、勝てるチャンスがある。出来のいいのは京都大学にやりました。

そうしたらまた一週間経ったら不思議なことが起こりまして、夜中に東北大学の病院から電話がかかってきました。「明日、緊急手術をすることになりました。その黒幕レニンを大量に持った患者さんの臓器を摘出することに決定した。先生、材料要りますか?」と言うから、私は飛び起きました。「ちょっとでもいいから下さい」と言って、車で仙台まで走りまして、手術場の横で待っておりました。臓器が摘出されまして、その一部をちょっとだけ貰って、ドライアイスに詰め込んで京都に運びました。なんとこの材料は、数年に一例あるかないかの材料が手に入ったのです。私どもにとっては滅多に手に入らない、有り難い材料が手に入った。

死にものぐるいの逆転満塁ホームラン

遺伝子釣り出しに関しては京都大学は世界のトップレベルです。筑波から四人行った大学院の学生も本当によく頑張ってくれました。一挙にヒトの遺伝子が釣れました。筑波でいくらやってもできなかったのが、釣れた。

それから三ヵ月ぐらいの間の学生の頑張りは本当に目覚ましかったのです。皆、下宿に帰らない。寝袋を教室に持ち込んで昼夜兼行で仕事を始めました。平均睡眠時間は最後は三時間か四時間ぐらいしか寝ていません。日頃は「六時間〜八時間寝なきゃ絶対もちません」と言っていた学生が、三時間でもちました。日頃眠っていた遺伝子のスイッチが入ったようなもので、感動しました。

毎日毎日、新しいデータが出てくる。エキサイトします。そして金メダルが取れるか取れないかの瀬戸際なのです。だから本当にこれは、私がやったというよりも、二十五、六歳の大学院の学生の凄い力です。

そして三ヵ月後に私どもは、ヒトの黒幕レニンの全遺伝子の暗号解読に成功しました。逆転満塁ホームランですね。感動いたしました。

当時の実力を正確に比較したら、パスツールとかハーバードはやはり世界のバイオの横綱なのです。私どもは三役どころか前頭十四、五枚目ぐらいで、横綱と対戦したら、十番のうち九番は確実に負ける。私どもは、研究の勝負に賭けて死にものぐるいの努力をしました。しかし、これだけではだめなのです。やはり天の味方としか言えないような不思議なヘルプがあれば、逆転満塁ホームラン、横綱を倒すことができます。——勿論、こんな格好のいい話しばかりではなくて、負けたことが沢山ありますが、時間の関係で全部省略いたします(笑)。

私どもは、このヒトのレニンの遺伝子をつかんだということから研究が伸びていきました。「つくば高血圧マウス」とか「つくば低血圧マウス」とか、非常におもしろい話しがあるのですが、これも省略いたします。なぜならば、皆さん方にとってはハーバードが勝とうが筑波大学が勝とうがどちらでもいいわけですから。

全生物は同一の遺伝子暗号を共有する

これから遺伝子の話しをします。

遺伝子というのはこれはひとごとではないわけです。皆、自分と関連いたします。自分どころか孫子の代まで影響いたしますので、これからの話しを真剣に聞いて戴きたい。今までのは前座でありまして、ちょっと前座が長すぎた嫌いがありますが、要するに生命科学の現場がどんなものかということを知って戴きたいというので、話しをしたのです。

まず、なぜ大腸菌はヒトの酵素とかホルモンを作れるのでしょうか。これは大変不思議ですね。今、ヒトのインシュリンという糖尿病の薬は大腸菌が作っております。もうしばらくすると、身体の中の殆どのホルモンとか酵素は、作ろうと思えば、カビとか細菌とかで作ることができるわけです。

なぜそんなことができるのか。これは今から四十数年ぐらい前、おそらく二十世紀生物学の最大の発見です。その一つは、遺伝子暗号の基本的な構造がわかったということであります。そして、なんと驚くべきことに、その遺伝子の暗号は全生物が同じだということがわかりました。カビも細菌も、植物も動物も人間もです。現在少なくとも二百万種類の生物がいるといわれています。多い人は二千万と言っております。正確にわからないのですが、何百万、何千万の生物だけではないのです。最初に生物が生まれて約十億年といわれていますが、十億年間に生まれたあらゆる生物、そしてこれから将来に生まれるであろう全ての生物は、全く同じ遺伝子暗号を使っているということがわかったのです。

これはおそらく二十世紀生物学上の最大の発見だと思います。十九世紀最大の発見は、全ての生物は細胞から出来ているという発見であります。これに匹敵すると思います。

話せば一分か二分ですみますが、全ての生物が同じ遺伝子暗号を使っているというのは驚くべき大発見です。だから大腸菌はヒトの遺伝子暗号を解読して、ヒトのホルモンとか酵素をつくることができる。これは「世界人類皆兄弟」という標語がどこかに掛かっていますね。それから「世界一列皆兄弟」という教えもありますが、しかし私は、「世界一列」というのは人間だけではないかもわからない。全ての生物は、兄弟か親戚か、ご先祖様か、何かつながっているのではないか。すなわち遺伝子暗号を共有しているということは、同じ言葉をしゃべっているようなものであります。しかもその遺伝子は、私ども生物にとっては最も大切な情報なのです。この遺伝子があるから、ずっと十億年の歴史を連綿と伝わってきて現在の私どもがあり、そしてこの遺伝子を私どもは子孫に伝えていくわけです。過去・現在・未来の生き物にとって最も大切な情報を全生物が共有している。しかも過去・現在・未来という歴史的に大切だというのではなくて、遺伝子が「今」働いている。私どもの身体は、遺伝子の働きがなければ一刻も生きていけないのです。「今」働いているわけです。

そのように大切な遺伝子の暗号を全生物が共有しているということがわかったわけです。

四つの化学文字による無限の表現

しかもまた、いろいろなおもしろいことがわかったのですが、遺伝子の暗号というものは僅か四つの化学の文字を使っているということがわかりました。これも凄いことですね。

遺伝子というのは非常に多様な表現ができます。たとえば兄弟でも顔形が違います。ということは、遺伝子がちょっと違うということです。従って、六十億の人間がおりますと、遺伝子は人間だけでも六十億通りの表現をすることができる。それが僅か四つの化学の文字を使っている。これは驚くべきことです。

よく、遺伝子は英語で書かれているのですか？　という質問があります、私どもはATCGと言っておりますから。あれはアルファベットではなくて、A（アデニン）という化学物質、塩基といわれる物質を使っている。しかもその四つの文字が、二つがペアになって、細い細い螺旋階段のところにびっしりつながっているわけです。ペアというところがおもしろいですね。ここは絶対に浮気をしない。ここが浮気をすれば遺伝子暗号は滅茶苦茶になります。A：T、C：Gというペアでちょっと違うものがお互いに支え合いながら、細い細い螺旋階段のところに書かれているわけです。これは男と女とか、プラスとマイナスとか、陰と陽みたいなものです。

遺伝子暗号解読とは何かというと、このATCGというずーっと並んだ遺伝子暗号を全部、順番を決定するということであります。すなわち、英語のabcの順番を決定すれば辞書を引けば意味がわかるように、僅か半ページぐらいの遺伝子暗号解読という辞書があれば、これは大腸菌から人間まで全部通用する。

そして遺伝子は何の暗号を書いているかというと、どんな蛋白質を作りなさい、という情報を伝えているのです。酵素も蛋白質でありますが、酵素がまず出来て、そして糖が出来て、脂肪が出来て、細胞が出来ます。従って私どもの身体にとっては蛋白質が一番で、どんな蛋白質を作りなさい、という情報が遺伝子には書いてある。

これが人間の場合は、約三十億のATCGがあると言われています。だから私どもは父親から三十億、母親から三十億の遺伝情報を貰う。この端から端までを全部解読する、決定するということであります。解読といっても、電子顕微鏡で拡大しても見えないようなところに書いてあるのですけれども、とにもかくにも私どもは人間の遺伝子暗号を解読する技術を手に入れて、しかもそれがいつ頃読めるかという時期まで指定できるところまできました。これはやはりバイオテクノロジーあるいは生命科学の非常に大きな進歩のお陰ですね。

今、世界中の人がその遺伝子暗号を読んでいるわけです。

書いてあるから読める

しかし私はこの遺伝子暗号を読みながら、或る時、読める技術も凄いけれど、もっともっと凄いことがあるということに気が付きました。

それは、読む前に「書いてある」ということです。書いてあるから、読めるのですね。誰が書いたか。学生に聞いても誰もわからない。誰も答えられない。しかし、お父さんやお母さんが書いたのではないですね。お父さんやお母さんが自由に書けるなら、もうちょっとましな息子や娘を(笑)……。お祖父さんやお祖母さんが書いたのじゃない。誰が書いたのか。自然が書いた。

「それじゃ、自然はどうして書いたの？」ということです。これはもう万巻の書物に匹敵する情報です。三十億の化学の文字から成っている。それが本当に小さな小さな、電子顕微鏡で一億倍に拡大しても見えないようなところに書いてある。これは本当に信じ難い狭い小さなところです。

皆様方から遺伝子を一つずつ戴くとします。どの遺伝子を貰ってもいいのです。たとえば、一人の人間に六十兆の細胞があるとしますと、六十兆の細胞の一つ一つに全部遺伝子が入っています。六十兆のコピーです。どの遺伝子を貰ってきても同じです。そうすると、世界中から六十億の遺伝子が集まるわけです。全世界の人の身体の設計図、その重さはお米一粒に相当するのです。

信じられますか？　これは事実なのです。

逆に言いますと、私どもの身体の全ての情報はお米一粒を約六十億等分に分けたようなところに書いてある。しかも書いてあるだけではなくて、これが間違いなく働いているのです。何で遺伝子は解読を間違わないの？　最近までわかりませんでした。しかし最近、どうも遺伝子も解読をときどき間違うということがわかりました。しかし間違ったら直し屋がすぐに働き出しまして、その間違いを修正していきます。本当に見事です。

しかし、人間は人間の遺伝子暗号を書けないのですね。あるいは自分で読めない。

サムシング・グレートの働きによってのみ

するとこれは、人間の力とか智恵とか努力を超えています。このようなことをどう言うのか。信仰のある方は神様や仏様の働きと仰しゃると思いますが、私は外国の方にもわかるように「サムシング・グレート」というふうに呼んでおります。サムシング（Something）ですから、何かよくわからないけれども、大変グレート（Great）、偉大な存在があり、その働きが私どもの身体の中にある。そうでなければ、あんな小さな小さな極微の世界に万巻の書物を書き込んで、間違いなく働かしているという、それが到底説明できないわけです。

有名な木村資生さんという、世界に通用する遺伝学者がおられますが、その木村さんの言葉によりますと、カビ一匹でも生まれる確率は一億円の宝くじが百万回連続で当たったようなことだと。ということは、あり得ないということですね。一億円の宝くじが一回当たるのだって大変なのに、百万回連続で……、そんな不思議なことが起こった。

そしてその遺伝子のお陰で私どもは生きているわけです。

「生きている」ということの凄さ

そうすると、「生きている」ということは、普通の人が考えているよりも、はるかに、はるかに凄いことなのです。たとえば私どもは大腸菌という菌をよく使います。

皆さん方は大腸菌ぐらい！　と思っていらっしゃると思いますが、大腸菌のお陰で何人ノーベル賞学者が出たかわからない。数千人の博士が出たのです、これを使って。だから、私どもを含めてこの人達は、大腸菌様に足を向けて寝られないぐらい世話になっている。

今や、大腸菌の遺伝子暗号は全部解読されました。ということは、設計図を完全に手に入れたのです。そうすると、どんな部品を作るかということもわかる。大腸菌はどんなエネルギーを使っているかというのも知っています。従って、車にたとえれば、設計図もあるし、部品もあるし、ガソリンもあるのです。だけど、車は動かない。生きた大腸菌が部品から作れない。大腸菌から大腸菌のコピーはいくらでも作れる。ヒトの黒幕レニンを大腸菌で作ることのできる私どもが、大腸菌は何で生きておれるかということが、大腸菌一つを元から作れない。なぜ元から作れないかというと、大腸菌は何で生きておれるかということが、科学の力ではまだ殆ど何もわかっていないと言ってもいいからなのです。

しかしこれをあまり言うと私どもがバカに見えますので、わかったことだけを学校の教室では説明します。

大腸菌に関する論文だけでも、この部屋一杯ぐらいあるのです。それだけ科学が進んでいるにもかかわらず、カビ一匹の命すらまだ解明できていないというのが正直なところなのです。

これは現代科学がとるに足らないのではなくて、生きているということが、細胞一つでもいかに凄いかということなのです。まして人間です。人間は何十兆という細胞から成っています。大体一キログラム当たり一兆個といわれております。だから六十キログラムの人は約六十兆、小錦は二百兆をこえるかもわからない。彼の場合は、肥満細胞といいまして、細胞も肥満しておりますから、必ずしも体重と細胞の数は比例しません。たとえば六十兆としますと、六十兆という数は地球人口の一万倍なのです。六十億の一万倍が六十兆ですから、地球人口の一万倍の小さな生命が寄り集まっているわけです。

細胞は生きているわけです。これは生命体ですね。それが地球人口の一万倍も寄っていて、毎日毎日喧嘩もせずに、戦争もせずに、離婚もせずに、裁判もせずに、見事に生きている。これはもの凄いことなのですね。細胞は自分の臓器のために働いている。臓器は個体のために働いている。個体は臓器のために、臓器はまた細胞のために働いています。お互いに助け合いながら個体を生かしている。

見事ですね。

○歳の赤ちゃんは地球年齢四十六億歳

「何でこんなことが身体の中でできるの?」よくわからないところがありますけれども、おそらくその基本には遺伝子の指令があるのです。私どもが指令しているわけではないです。心臓はこのように動けとか、筋肉はこう動けとか、全部遺伝子の指令で動いていると思われます。

しかし、遺伝子を動かしているものは何なのだということです。これがわからない。よくわからないけれども、私どもは生きている。そうすると、生きているということは、現代科学からみてこれは只事ではなくて、大変素晴らしくて有り難いことなのです。しかし私どもは普通、生きているということは有り難いと思っていない。有り難いどころか、文句を言いながら生きていることの方が多い。

生きているということは、現代科学からみて只事ではないのです。私どもは「赤ちゃんをつくる」と簡単に言います。これは人間の傲慢だと私は思っております。人間はカビ一匹元から作れないのに、受精卵から十月十日の間にあの見事な何兆個という細胞（三キログラムの赤ちゃんは三兆個の細胞から成っている）から構成されている赤ちゃんが出来る技は人間技だけではできない。人間は何をやっているかというと、きっかけを与えて、あとは栄養をやっているだけです。あの十月十日の間に、生き物の進化のドラマを再現しながら赤ちゃんになっていくと言われています。魚類、爬虫類も……。

ですから、生命の歴史といっても、十億年の進化の歴史があそこに凝縮されているのです。そんなものはただ単に私どもの努力や働きだけではないのです。だから赤ちゃんは、生まれた時はゼロ歳とか一歳ではなくて、私は地球年齢四十六億歳だと言うのです。地球は四十六億年かけて、サムシング・グレートがもの凄い長い時間をかけて、丹精込めて作り上げた最高傑作が人間の赤ちゃんなのです。ところが私どもはそのことを忘れて、「赤ちゃんをつくる」と言うし、胎児を殺すことだってやりかねないのです。

私は「生命尊重の会」という、胎児の命を守るボランティア団体の応援団をやっておりますが、ここの女性の人たちの計算によりますと、日本の女性がこの五十年間に堕ろしてきた胎児の数は六千万人をこえるのです。それを堕ろさなかったら、ほぼ百パーセント人間になっています。六千万人を日本人は過去五十年間に堕ろしてきているのです。

命の有難さへの自覚と良心

なぜ堕ろせるのか。それにはいろいろな事情があるのでしょうけれども、食べられないから堕ろしているのではないのです。自分たちの都合が悪いから、堕ろしている。自分のものだ、と思っているからです。しかし先ほどから何べんも言うように、人間は命をカビ一匹も元から作れない。動物でも植物でも同じです。

日本は食糧の凄い輸入国なのです。何千万トンという食糧を輸入しています。しかしトータルとしてみたら、その三分の二を無駄にしているのです。家庭ではそんなに無駄はしないと思うのですけれども、入ってきた物の三分の二を無駄にしている。これは国連の統計でそう言っているのです。なぜ無駄にできるのか。お金で買ったから、自分の物だと思っているのです。

先ほども言ったように、命の値段について私どもは一銭も払っていない。私どもが払ったとしたら、手間賃を払っているだけなのです。魚なら魚を海から運んでくるための費用は払っているが、魚を海で育てたその苦労とか努力というものに対しては一銭も払っていない。日本は今お金があるから、買ってこれるわけです。

私どもは他の生物の命を戴かなければ生きていけない。それはそれでしようがないと思いますけれども、それの三分の二を現在の日本人は無駄にしているというのが現状なのです。ちょっと世界に目を向ければ、まだ飢えて亡くなる人が沢山いるという現状の中で、ただ単にお金が少しあったからといって、買ってきて無駄にするという生き方を、私どもはほぼ何の痛みもなくやっている。これは私も含めて人ごとではないわけです。

だから、今、環境問題、教育問題、社会問題など、日本は大変大きな問題を抱えていますが、そのうちの一つは、私どもの命というものの有り難さ、凄さ、こういうものを忘れかけているのではないかというふうに私は思っています。

これが、たとえば良心という問題を考える時の一つの大切な視点ではないか。

感謝して生きる

すなわち、私どもの命、私どもの身体は、自分のものであって自分のものではない。多くの大きなものに支えられている。

私どもの身体は元素から成っています。酸素、水素、窒素、燐酸。しかしこの元素は全部地球からの借り物なのです。地球の元素を借りて、遺伝子のとおりに組み立てたのが私どもの身体なのです。遺伝子を作ったのが私どもでもなければ、地球の酸素や水素や窒素、そういうものを作ったのも私どもではなくて、全部借り物なのです。

その証拠に、私どもは一定年限経つと全部死んで、もう一回、返すわけです。私どもの命も身体も自然から生まれてきて、自然に返す。全部レンタルなのです。しかもレンタル・フリーなのです。お金を一銭も払っていない。何十兆円に相当するものを何十年間か借りたら、普通ならどれだけか大きな利子を払わなければならない。私どもは一銭も払っていない。

だからせめて私どもは、そういう大自然の中で生かされているということを自覚して、サムシング・グレート、神様、仏様、何でもいいですけれども、そういうものに対して感謝をするという生き方をしなければ、人間のエゴと奢りと傲慢で滅びることだって起こりかねないというふうに思っております。

遺伝子スイッチのオン、オフ

この話しをすると深刻になりますので、ちょっと話題を変えまして、多くの遺伝子が眠っているという話しをします。これは天皇陛下、皇后陛下も大変興味をもたれました。

その一つのいい例は、私どもの身体は、先ほど言ったように、たとえば六十兆の細胞があるとします。そうすると、その一つ一つに遺伝子があります。それが心臓の遺伝子も髪の毛の中の細胞の遺伝子も全部同じ情報を持っているのです。なぜなら、これは受精卵のコピーなのです。受精卵が二倍、四倍……と増えて出来たものですから、心臓の細胞も髪の毛の細胞も筋肉の細胞も全部同じ遺伝子、同じ情報を持っているわけです。

しかし不思議なことに、心臓は心臓に必要な遺伝子のスイッチしか入っていない。あとは殆ど切れているのです。他の臓器で働くための遺伝子は休んでいるわけです。オフですね。何でこんな見事なことができるのか。心臓に毛の生えたような人というのがおりますが、どの人の心臓も毛の生える遺伝子をもっている。スイッチがオフになっているだけです。何でこんなことができるのか、よくわからないのです。

今考えられているのは、遺伝子は周りの環境によってスイッチが入るのです。細胞自身も遺伝子にとっては環境です。臓器も環境、外からいろいろ入ってくるのも環境です。こういうものとお互いに相互作用しながら、すなわち、お互いに話し合いながらスイッチをオンにしたりオフにしたりして見事にコントロールしています。

今、スイッチのオンとオフの仕組みがわかり出しました。もの凄い勢いで研究が進んでおります。最近、それについてショッキングなことが起こったのがクローン羊ですね。あれはどうして作ったかといいますと、最初に細胞を一つ取ってくるのです。どの細胞を取ってもいいわけです。そこに同じ遺伝子がありますから。だから取りやすい細胞から取ってきます。一番最初のクローン羊は、乳腺細胞という、ミルクを沢山作るための細胞を取ってきました。これを試験管の中で培養することができます。生かしたり増やしたりできるわけです。そうすると、ミルクを作るための乳腺細胞の遺伝子を全部スイッチ・オンにすることができます。他の臓器で働くための遺伝子は眠っていていいわけです。

この乳腺細胞の遺伝子も全ての情報は入っているわけなのです。この眠りこけた遺伝子を叩き起こそうと考えた学者がいたのです。これは三十年間誰も成功しなかった。最後に成功した人は、おそらく、いろいろなことがあって全部失敗したから、もう頭にきたかどうかわからないけれど、この細胞をもう殺そうと考えました。そして栄養分をストップしたのです。そして、細胞が飢餓状態に陥りました。細胞は半殺しの目に遭ったわけです。そうすると、なんと死ぬ寸前に全ての遺伝子のスイッチがオンになりました。そして一匹の羊が出来たのです。

これは、すぐにクローン人間を作れるのではないかというようなことで、大変話題になりました。あるいは、安くておいしいクローン牛を沢山作れるのではないか。

一方、私どもに与えたショックは、眠りこけた遺伝子も条件次第で目を覚ますということです。今この研究が凄い勢いで進んでいる。いい遺伝子のスイッチをオンにして、悪い遺伝子のスイッチをオフにすれば、私どもの可能性は何倍にも何十倍にも花が開くかもわからない。

そういうことが科学の言葉で少しずつ語られ始めたという点で、今バイオは大変エキサイティングなのです。

遺伝子の眠りを目覚ますものは

遺伝子はどういう時に目を覚ますのか。一つは環境で目を覚ますということがわかりました。飢餓状態というのも一つの環境なのです。

たとえば、私が研究者として伸びたとしたら、アメリカに十年いたということ。大変厳しい、研究者のプロ集団です。私は日本ではあまりパッとしなかったのですが、アメリカでは生き生き、ワクワクしていました。なぜなら、自分が認められた。日本ではどうしても若い人は頭を押さえつけられて、旧い人が威張っている傾向がある、――そうじゃない場合もありますけれども。しかし、アメリカのプロ社会は厳しいですけど、実力があれば認めてくれる。私の遺伝子が日本からアメリカに行って変わったのか。そうじゃないのです。日本では眠っていた遺伝子が、アメリカでは起きたということだと思います。

皆が皆アメリカに行っていいかというと、そんなことはないのです。アメリカに行った人で、半年でノイローゼになって帰ってきた人がいます。この先生は英語の先生で、数十年間英語をやってきたのに、アメリカに行ったら英語が殆ど通じない。ショックを受けたのです。私などは英語が通じないぐらいではショックを受けない。こんな先生に習っているんだから通じるわけがないと思っていますから、一つでも二つでも通じれば儲けものだと。しかしこの英語の先生にとっては、自分がずっと何十年間も教えてきた英語が殆ど通じない。

だから皆が皆、アメリカに行ったら遺伝子がオンになるかというと、そうはいかない。遺伝子が皆違うということは、自分が最も自分に適した、自分が最も生き生き、ワクワクできる環境を選んでそこに行くということが大切だというふうに思っております。

遺伝子暗号配列ATCGの差は、ノーベル賞級の学者と知的障害児といわれている人の間で一パーセントもないのです。僅か一パーセントの差。これは天皇陛下や皇后陛下の前でも申し上げました。私の横に江崎玲於奈さんという人が坐っておりましたが、この人は二十五年前にノーベル賞を取られた先生です。この先生の偉いのは、もう一回ノーベル賞級の仕事をしておられる。――この先生がおられたのでちょっと言いにくかったのですが、これは本当ですから言おうと思って、「江崎先生と、中学校にも行けなかったような偏差値の低い人との遺伝子は、一パーセントの差もないんですよ」と言ったら、江崎先生はにやにや笑っておられました。もちろん、その一パーセントが大切なのですけれども、僅か一パーセントなのです。ということは、九九パーセントは、人間として生まれてきたら、ハンディキャップがあろうがなかろうが、偏差値がどうであろうが、九九パーセントは一緒なのです。だからどちらに価値をおくかということです。九九パーセント同じだということに価値をおいた方が、私どもとしては皆が幸せになる。皆が皆、ノーベル賞は取れません。しかしそれぞれが、それぞれの分野で素晴らしい可能性を秘めている。

だから、眠っている遺伝子を起こせば花が咲く、と私は思っているのです。

夢と決意と背水の陣

私どもの遺伝子が目を覚ましたと思ったことがありました。それは、先ほど言った、逆転満塁ホーマーの時です。確かに私の遺伝子のスイッチも入ったし、若い人の遺伝子のスイッチもオンになった。なぜか。

私どもは一つの非常に大きな夢をもちました。希望、志をもった。筑波大学という、世界にまだ全く無名の大学を世界に売り出していこう。なぜなら、筑波大学は「世界一流大学を目指そう!」というスローガンを掲げております。日本一流じゃないのです。世界の一流になろう。

世界の一流大学になるにはどうしたらいいか。世界に通用する人物を出すことです。

しかしこれは年限がかかります。私どもの研究は短期決戦型です。三年ぐらいが一つの勝負なのです。三年、千日、人は思いを込めてやれば天が助ける、という話しを聞いておりましたので、「よし、三年でひとつ勝負をしよう！」と思って、私はそのことを学長に言いに行きました。「私の研究室から、できたら三年後に、遅くても五年後に、世界に通用する研究を出します」と言いに行ったのです。

当時の学長は大変喜んでくれました。「そんなことを言ってきた教授は今まで一人もおらんかった。大いにやってくれ。全面的に支援をするから」と激励されました。しかし、実際は何も支援をしてくれませんでしたけれども(笑)。まあ、精神的な支援を……。しかしこの学長はなかなか厳しくて、「おまえ、そんない い格好をして皆に言ってるんか？」と言うから、私は、「皆に言っています」と言いました。そうしたら、「おまえ、できん時にどうするつもりや」と言われました。

私はできないことは全く考えていなかった。しかし、よくよく考えてみると、研究はできないことの方が多いわけです。そこで私は、できない時どうしようかと考えました。咄嗟に、「できなかったら、筑波大学を私は辞めさせて戴きます」と言いました。格好よかったのです。本当は辞めたかどうかわからない。またこれは大きな声では言えませんが、国立大学の先生は研究なんかしなくても、辞めなくたっていいのです。立派な講義をして学生を感動させて社会に送り込まなくても、辞めなくてもいいのです。

しかし、アメリカはそうではないのですね。私はアメリカで最後は助教授をしておりましたが、アメリカの助教授は任期三年であります。三年経つと評価をされるのです。どんな教育をやったのか。どんな研究をやったのか。「三年間一生懸命やったけれども、何の研究成果も出ませんでした」、これはまず間違いなくクビです。私はアメリカからちょうど帰国したばかりだったので、プロの気構えで研究するつもりでした。大学なんか辞めたって、日本で飢え死にすることなんかない。私は、「できなかったら大学を辞める」と学長に申し上げました。

私の決心は私どもの研究室の若い人にも移りました。背水の陣を敷きました。

人類への奉仕の心

それともう一つ、大変有り難かったのは、私の研究は高血圧の原因を突き止めることに貢献できることです。

世界中に、何億人もの高血圧で困っている人がいる。こういう人たちにも喜んでもらえる研究をやれるということは大変有り難いことです。しかも、多くの人に喜んでもらうということは、私はサムシング・グレートも喜ぶことではないかと考えました。なぜなら、サムシング・グレートを、全人類、全生物の親と考えています。親の望みは子供が幸せになること。しかも一人ではなくて多くの子供が幸せになること。だから私どもは、世界の人に喜んでもらおう、そういう気持ちになった時に、先ほど言ったような不思議なことが起こり、日頃ない力が出ました。

従って、いい遺伝子のスイッチをオンにし、悪い遺伝子のスイッチを切るということのためには、私の経験から言いますと、心のもち方が非常に大切ではないかというふうに思っているのです。

心のもち方が遺伝子の働きをコントロールする

今、ストレスと病気の関係は、ほぼ皆が認めています。ストレスは病気の原因の一つであると。ストレスで遺伝子がオンになるらしいのです。

しかし、多くの学者は、そのストレスは物のストレスを考えている。たとえば、環境ホルモンというのがありますね。今、騒がれていますが、最初にみつかったのは、あの環境ホルモンが身体の中に入ってきますと、雄が雌になったり雌が雄になったりするのです。あの環境ホルモンは身体のどこに作用しているのか、まだ殆どわかっていませんが、私は、男性ホルモンと女性ホルモンの遺伝子のスイッチオン・オフに作用すると思っているのです。なぜなら、男性ホルモンを作るためには、その質的な遺伝子のスイッチがオンにならなければならない。

今、ストレスというと多くの人は物のストレスを考えていますが、私は、ストレスは間違いなく心のストレスで遺伝子のスイッチがオンになる、すなわち、心のもち方で遺伝子のスイッチがオンになったりオフになったりするというふうに思っています。これはまだ直接証拠がないのです。この直接証拠を握れば、超特大のノーベル賞になる可能性はあります。なぜなら、心と身体の関係を遺伝子のスイッチのオン・オフで説明ができる突破口が開けるからです。

しかし私は、二十一世紀のそう遠くない将来に、この証拠が出てくるように思います。そうすると、心と身体を、「遺伝子」というものを一つのキーワードにしてつなぐことができます。

良心の基礎は「大いなるもの」への感謝

私どもの逆転満塁ホーマーの時の感想を言いますと、本当に大きな志をもって生き生き、ワクワクすれば遺伝子のスイッチがオンになる、というふうに感じます。感動すること、喜ぶこと、感謝すること、これで遺伝子のスイッチがオンになる。これが私の仮説であります。

しかし仮説だと言うとバカにする人がいますが、科学は仮説なのです。科学は絶対の真理というのはまずないのです。せいぜい、条件がついた真理、あるいは仮説と考えた方がいいのです。「今ある証拠の中で、最も理屈に合った考えはこうです」ということだけで、科学は仮説の積み重ねです。だから私の仮説は、近い将来に直接証拠がつかめると思いますが。

　なぜ私どもは喜んだり感謝することができるのか。逆転満塁ホーマーの時は誰だって喜べるのです。好きな人と結婚できれば喜びます。

　しかし、私どもの日常はそんなことばかりではないのです。日常生活でも、私どもは喜んだり感謝することができるというふうに思っております。それは、何十兆円出しても買えない身体を、私どもは大自然から無償で借りているのです。「生きている」ということが、自分の力だけではなくて、大きな大きな大自然のお陰で生きているのだということがわかれば、私どもは喜んだり感謝することができる。それが、私どものいい遺伝子のスイッチをオンにすることだというふうに思っております。

　こういう考え方が、良心の問題を考える時の一つのバックにないと、ただ単に良心ということだけでは、いい良心をもった人だけにはなかなかなれないのではないか。何千年の宗教の歴史があっても、戦争は終わらない。人間は二千五百年前の人に比べてよくなっているかというと、おそらくあまりよくなっていないのではないか。

だから、私は良心というものを考える基礎に大切なことは、「サムシング・グレート」と言ってもいいし、「大自然」と言ってもいいし、「神様」「仏様」と言ってもいいけれども、そういう「大いなるもの」のお陰で生かされているということ。それは人間だけではなくて、植物も動物も全てのものがそういうもののお陰で生かされているということが一つのベースになると、人間の良心というものを考える時の一つの参考になるのではないかと考えております。

どうもご静聴有り難うございました。

（了）

心あたたかな病院運動

作家　遠藤周作氏　夫人

遠藤　順子

えんどう・じゅんこ

東京生まれ。作家（故）遠藤周作氏夫人。慶應義塾大学仏文科卒業。長い闘病生活の中で華々しい創作活動を続けられた遠藤周作氏を支え続け、遠藤氏の提唱された「心暖かい病院運動」を「夫が残してくれた宿題の一つ」として受けとめ、「夫と共に出逢ったさまざまの疑問を書くことで、今後の患者さんが少しでも心暖かな医療を受けられれば、主人も本望だろう」として、この運動をうけ継ぎ、精力的に推進している。著書に『夫・遠藤周作を語る』『夫の宿題』『再会』

心あたたかな病院運動

遠藤　順子

「心あたたかな病院運動」のはじまり

皆様こんにちは。今ご紹介にあずかりました遠藤周作の家内、遠藤順子でございます。四十分ばかりお話しさせて戴きたいと思っております。

専門の分野でそれぞれご活躍の錚々たる先生方の間に入りまして、素人の私がこういうふうな講演の機会を与えて戴きまして、主人がずっと提唱しておりました「心あたたかな医療」のことについてお話しをするチャンスを与えて戴いたことを、大変光栄に思っております。

今、病院で死ぬ人は、病気で死ぬ人の九五パーセントだそうです。九八パーセントだと言う人もありますけれども、内輪にみても九五パーセントの人が病院で亡くなるようになったそうです。ものの本を調べますと、一九五〇年（昭和二十五年）には病院で死ぬ人は一一パーセント、一九七〇年代でも三八パーセントだったそうです。ですから、今は病院で死ぬ人が大変に多くなったということで、病院で最後のターミナルの場合に、いい出会いができるかどうか、ということは大変大事なことになりました。

主人が一九八二年に持込み原稿というのをいたしまして、――持込み原稿というのは新聞社や雑誌社に、注文をされたのでないのに、こちらの方から「これを載せてほしい」と言って持ち込むのを持込み原稿と言うのですが、幸いに主人は文学のことで持込み原稿をしたことが一回もございません。だけど、その時には、「患者からのささやかな願い」ということを載せて戴きたくて、読売新聞に持込み原稿をいたしまして、一週間に一回ずつ、六回にわたって掲載して戴きました。

初めの一回目の時には三百通の投書があったそうです。二回目の時には二百通ありまして、六回連載が終わりましてもまだ投書が続いておりまして、結局二千通の投書があったそうです。その時分にはもちろん在宅ケアとか介護というような言葉は全然なくて、読売新聞社でも、病気とか病院のことがこんなにも問題になるのかと大変びっくりなすったそうです。

読売新聞でしたから、日本テレビにその話しがいきまして、日本テレビでも「心あたたかな病院運動」というのを広めて下さいまして、主人が提唱しておりました「心あたたかな医療」「心あたたかな病院運動」というのは全国的になりました。

緒についたばかり

病院の方でも、簡単に改良できることはわりとすぐに改良して下さいました。たとえば、若い女性が衆人環視の前を自分の尿の容れ物を持って歩くのはやはり屈辱的で苦しいのではないか、ということを主人が書きました。そういうのは、今、たいていどこの病院でも、お手洗いの中に名前を書いて置いてくれればよくなりました。そんなことはすぐ気が付いてできることだったんですね。

それから、お食事の時間というのが、ひどいところは昔は夕食が四時半ぐらいでした。ただでさえまずい病院のお食事が四時半なんかに出てもとても食べられないし、その時分には「チン！」もなかったので、結局それは冷えてまずくなったのを病人が召し上がるということになっておりました。でも、その時に、長野の篠ノ井病院というところのやり方を書きました。なんでもないことだったんです。それまでずいぶんそういう文句が出たのに、病院側は人件費がかさむからということで、そういうことを受け付けなかったのですね。でも、篠ノ井病院では食器を二倍にしたのです。それで、夜の炊事係の人は下膳してくると薬液の中につけて帰っちゃうだけなのです。食器が二倍ありますから、朝来た人はもう一つのワンセットの中で配膳をして、その間スイッチを押しておけば、あとは自動的に洗って乾くのです。なんでもないことで、そういうことは大変改良されました。

それから、ターミナルで付いている家族が休める所、家族が駆けつけて来た時にちょっと休憩ができる所を作ってほしいということも申しまして、それは全部ではないですが、病院によっては、もうこの患者さんが明日、明後日死ぬということで家族が詰めている時に、そういう家族を休ませる施設も出来ました。

夫に「宿題」を残されて

そういうふうに、病院がわりと簡単にやって戴けることは改良されたと思うのですが、主人が「心あたたかな病院運動」というので一番言いたかったのは、ターミナルになって、心静かに死にたい、心静かに死なせてあげたいということだったと思うのですね。でもそれはむしろ今、主人が言っていた時よりももっと悪くなっているという感じがいたしました。主人は最後の三年半入退院を繰り返したわけですが、その間に主人と二人でいろいろぶつかった病院の中の医療の現状というものを、私は主人とよく、「〝心あたたかな病院運動〟というのはまだ緒についたばかりね」と何回も申しました。

私はいまさら、主人がお世話になったいくつかの病院のことを糾弾したり、お医者様を非難したりするつもりは全然ないのです。ですけれども、主人は「心あたたかな病院運動」というのを提唱しておりました人間ですから、自分が苦しい思いをしても、それを私が書くことで、少しでもこれからの患者さんがベターな医療を受けられるんだったら、自分は苦しんだけど、よかったなと多分思ってくれると思いました。

主人が残してくれた宿題というのは三つありまして、一つは、最後の時に主人から貰ったメッセージで、それは「死は終わりではない」ということ。二番目が「心あたたかな医療運動」、三番目が「日本人の心に届くキリスト教」ということでした。もちろん今は時間がございませんから、そんなに全部はお話しできないので、今日は「心あたたかな医療」ということをお話しさせて戴きたいと思います。

続いている「宿題」

当然のことなのですが、最後に病院とか医療関係の人との出会いが悪くて、散々ひどい目にあった挙げ句に自分の家族が死んだという人は、当然のことながら、なかなか癒されないのですね。私が今度、『夫の宿題』という本に医療のことを書きました。そういたしましたら、百二十通ぐらいのお手紙が来ました。その中には、「私の主人は十年前に死にましたけど……」「私の主人は八年前に死にましたけど……」という書き出しで始まってくるお手紙が沢山ありました。

私は『夫の宿題』という本を書いたことで、主人から貰った宿題はもうやったつもりでいたのですが、そうではなくて、「ああ、こんなに癒されてない人がいるのだ」と、「この人はなんともやりきれない思いを十年も抱えて暮らしていたんだ」と、つくづくびっくりいたしました。そういうふうに書いていらした方もあるし、そういうふうに書いていらっしゃらなかった方もありますけれども、そのお手紙からは、「心あたたかな医療運動」をやっていた遠藤の女房だからわかってくれるでしょう、というこことがたちのぼっておりました。皆さんそれぞれにケースが違いますから、それは印刷物でご返事が出せることではないと思って、百二十通のお手紙全部にそれぞれご返事を出しました。

それで私は、やはりこれはずっと続けていかなければいけないことだなということをつくづく感じた次第なのです。

残された家族の訴えから

その中にはいろいろの訴えが書いてありますが、それは一つ一つ、私が経験して身に覚えのあることなのですね。たとえば「物扱いにされた」とか、「セコンド・オピニオンを聞きたいと思っても、とてもそういう体制ではない」とか、「明らかに医療ミスと思っているのに、それを隠してしまって責任体制が曖昧だ」とか、それから、今思い出しても本当に辛いと書いていらしたことの中には、「夜中に自分の肉親が手足を縛られていた」ということがあります。それから、「インフォームドコンセントというけれども、肝心なことは教えてくれない。家でなんとかして最期を迎えたいと思っても、恫喝して帰してくれない」とか、「あと数時間の命だと思っているのに、そこで採血をされたり検査をされた」というのもありました。

私も、最期の、あと数時間の命だと思うのに採血をされたのはとても心のトラウマになっておりましたので、大阪で講演をいたしました時にその話しをいたしました。そうしたら女医さんが一人お立ちになりまして、「人工呼吸をやってもあと数時間の命なのに、採血をするということは必要なことなのだ」とそのお医者様が仰しゃいました（人工呼吸をまだやっておりました、主人もその前の日から）。血中の酸素の濃度を調べるためにどうしても採血をしなくちゃならないのだそうです。

私はそれを伺いました時に、「ああ、とてもいいことを教えてくださいました」と申し上げました。ですけど、「おそらく普通の主婦の人はそれは知らないと思います」と申し上げたのです。それをもし知っている方はかなり医学に通じている方じゃないかと思うのですね。それで、もしこういうのを家族が見ていたらどんなに辛いだろうなという気持ちがお医者様の方にあれば、「ご家族が見ていらしたらどんなに辛いかと思いますけど、これは医学的にどうしてもやらなくちゃならないことなので、お許しください」とひとこと言ってくだされば、もしその患者さんが死んでからも、ああいう目に遭ったということで家族が心の傷を受けないですむと思うのですね。

そういうことがやはり、病院というのは多分、「慣れ」とか「馴れ」とか、そういうことがないと、それはお医者さんも看護婦さんも身体がもたないと思うのですね。だから慣れることは大変いいことなのですけれども、それがそのうちに「狎れ」になっちゃうのです。それで、人が苦しんでいてもそんなのは当たり前、苦しんでるだろうなということを考えることの余裕もないほど、そういうことが習慣になってしまうのは、大変恐ろしいことだなと思いました。

投書にみられる三つの問題点

戴いた投書を分類してみますと三つぐらいに分けられるのです。一つは、これは患者さんの方にも問題があるんじゃないかなと思うことなのです。もう一つは、これは看護婦さんとかお医者様によくお話しをしたら、もしかしたら改良して戴けることかも知れないなということ。もう一つは、これは厚生省の医療行政とか病院の機構ということに踏み込んでいかなければ改良はされないだろうなと思うことの、三つがありました。

往きの人生、還りの人生

第一番目の、患者さんの方にも問題があるということなのですけれども、戦後になりまして、それまで長い間国民病だった結核というのが、パスヒトラジットストマイという結核三種の神器が出来まして、どんどん、どんどん治っちゃったのですね。それだものだから、病院に行きさえすれば生病老苦は全部解決されるというような、そんなことはないのですけれども、そういう錯覚をなんとなく国民全体がもってしまったのではないかということがあります。

それから、実際に手術の器具とか検査の器具というのは大変発達いたしました。新聞なんかでもその発達がいかに素晴らしいことかということがしょっちゅう報道されまして、それをなんとなく「医学の進歩」というふうに、どこかで誤認してしまったところがあるのではないかと思うのですね。

患者さん自身も、自分はどういうふうに生きて、どういうふうに死にたいのかというようなことを全然考えてなくて、いきなり病気になっちゃって狼狽しているという方が多くて、病院に丸投げのお任せ主義になって、自分は死ぬ時はこういうふうに死にたいのだというようなことをちゃんとお医者様に言ってないのですね。

私は今、看護の方で、「往きの医療」、「還りの医療」ということを仰しゃる方があって、「往きの医療」というのは治す医療、病気を治せる医療というのは「往きの医療」だけれども、たとえば癌で告知をした後、その人が亡くなるまで心静かにその人らしく生きられるようにサポートする医療のことを「還りの医療」と仰しゃるようです。

でも私は、五十代というのはちょうどその往きと還りの、オリンピックでいえば折り返し点なのだと思うのですね。大きい生命の中から生まれて育って、学校も出て、人を恋することがあって、結婚して子供を産み育てて、その子供を一人前にして結婚させる、その辺ぐらいがちょうど五十代かなと思うのです。それまでは、今の介護の方たちの言い方に従って言うと、そこぐらいまでが往きの人生だと思うのですね。それから先は大きい生命の中に還って行く、還りの人生なのだと思うのです。

死に支度は五十歳から

五十代ぐらいにおなりになると、たいていの方は定年後の生活設計のことをいろいろと計画なさるのだろうと思います。それはもちろん当然のことで、毎日のご飯を食べることをいかにするかということはとても重大なことなのですけれども、今ここに来ていらっしゃるどの方も、たとえば百五十年先には全部死んでしまうのですね。死というのは誰にでも平等に来ることなのです。必ず来るのです。ですから、そのことについて、やはり人生の折り返し点で、いかに自分は死にたいのか、どういうふうに死にたいのかということを考えるべきだと思うのですね。

ですけれども、今は五十代の人にいくら言っても、人間は八十まで生きる人が珍しくなくなりました。だから、自分が死ぬことはもっともっと三十年も四十年も先のことだと思っていて、現実感がないのですね。でも、全部の人が八十まで生きるわけではないのです。それでいきなり突然、死というものが目前に迫って狼狽してしまうという、そういう五十代の人もあると思うのですね。

週刊誌などを見ておりますと、アルツハイマーになったご主人を退院させるのに、その退院を拒否する奥さんというのが出てますね。それだけ見れば本当に鬼の女房ですよね。だけども、私は「ああ、このご夫妻は、そこへ来るまでのご主人の方の努力も足りなかったんじゃないかな」と、本当にそう思うのです。夫婦というのは片方だけで積み重ねはできないのです。夫婦というのは、こっちもやって、(もう片方の)

こっちもやってというふうに、両方で積み重ねをしていくから積み重ねができるので、片方ばかりがこういうふうに積み重ねをしようと思ったらひっくり返っちゃうのですね。ですから、「ああ、このご夫妻はおそらくそこへ来るまでの積み重ねが悪かったのだな、お気の毒だな」と思うのですけれどもね。

私は、五十はまだ間に合うと思うのです。ですから、五十代になった時に、やはり「自分たち夫婦のそこまでの積み重ねはどうかな」ということをチェックした方がいいのではないかと思うのです。片方がもう死の床についてしまってから、「さあ、積み重ねをしましょう」と思っても、それは無理です。もうその時には、相手の状態を無条件で受け入れる以外、何もやることがないのです。

だけど、死の床に片方がついた時に、それまでの夫婦の積み重ねがどうだったかということがこんなにものをいうのかと、私は本当に自分の経験からいってびっくりしました。私の場合、最後までなんとか主人を治したいと思って頑張れたのは、やはりそれまでの主人の方からの積み重ねがとてもよかったんだと思って、むしろ私の方こそ主人に感謝すべきことだなと思っています。

今、世界の人口を考えますと、こうやってこういう所でお目にかかるチャンスが与えられるということだけでも、大変奇跡的なことだと思います。まして、夫婦になって子供を育てて、ということができる相手にぶつかるということは、大変奇跡的な確率だと思うのですね。この間の神戸の地震のようなことがあればもちろん別ですが、そうじゃなければ、夫婦が一緒に死ぬということはまずないわけです。ですから、片方が死んだ時に、「ああ、自分たちはいい夫婦だったな、生き甲斐のある人生を歩んできたのだな」と思えるような夫婦でいたいと思うのですね。

小林一茶が「死に支度いたせ、いたせと桜かな」という句を詠んでおります。私はやはり、死に支度というのは五十からやるべきだなと思っております。それが我々患者の方の立場で問題があると思うことなのです。

あたたかな心の配慮を

今度は第二の、看護婦さんやお医者様の方で言えば少し変わるのではないかと思うことなのですけれども、病院でお昼ちょっと前ごろに食堂などにまいりますと、本当にそれまで仲良く暮らしていたんだろうなと思うようなご夫妻が、よろめくように入っていらっしゃることがあるのです。「ああ、また見てしまったな、辛いな」と思うことがあります、三年も病院に暮らせばね。

それはおそらく、そのご夫妻のどちらかが死に至る重大な病名を告げられたか、重大な手術の必要性を今告げられて、「はい、お次の方」というのでポン！と出されて来た、そういう瞬間なのだろうなと思うのです。それで、仲良く暮らしていたらしいご夫妻が、今、人生の暗転した時を迎えているというのを見るということはとても辛いことです。

お医者様に、今カルテが公開とかということが言われておりますけれども、やはりカルテは公開して、今はインターネットでも何でもあって、画像でも何でも送れるし、学会の名簿もあるのです。大きい病院というのはその地域の人だけではなくて、遠くから正確な診断を求めていらっしゃる方も沢山あるのですね。ですから、「あなたはどこにお住まいですか」、たとえば岩手なら、「岩手の何々大学でこれと同質の治療が受けられますよ。もし必要だったらインターネットでご希望の所にレントゲンでもカルテでもお送りしますから、どうぞ仰しゃってください」というようなことを、病院の方で積極的にセコンド・オピニオンが聞ける体制というのを示してあげてほしいのです。

おそらく、セコンド・オピニオンを聞いてもサード・オピニオンを聞いても、診断が変わらないかもしれません。もちろん百八十度診断が変わるという場合もありますけれども、でも、変わらなくても、やはり患者さんとか家族はそういう重大な病名を告げられて動転してるのです。その時に、病院側でそれだけの配慮をしてくださったということがわかるだけで、ずいぶん落ちつけると思うんですね。それをぜひやってほしいということが一つ。

「念書」にみる非人間性

それから手術の時などに、おそらくそういうことをご経験なすった方があると思うのですが、「手術中に何が起こっても文句を言いません。異議を唱えません」という念書を書かされます。私はそれもとても非人間的なことだと思うのです。

たとえば坊ちゃんたちが大学にお入りになったりするので下宿をお借りになることがあると思いますが、そういう場合に、この下宿は駅から何分ぐらいであろうか、水まわりはいいんだろうか、陽当たりはどうだろうか、コンビニは近いかとか、いろいろな条件を考えて、下宿一つでもそういうふうになさると思うのです。

だけど、自分の大事な家族が命を賭ける手術をするのに、何先生が手術なさるかもわからないし、その先生が同じ種類の手術をどれぐらい手がけて、どれぐらい成功率があるのだということも何も教えてくれないで、白紙委任状に判を押せと言われても、家族としてはそれはものすごいストレスです。私はやはりそういうことはぜひ止めてほしいと思います。

「医はアート」

ギリシャのヒポクラテスという、今のお医者さんのご先祖みたいな方ですけど、その方が「医はアートだ」と言っているのです。だけど、今の日本の医療をみて、「ああ、医は確かにアートね」と思う人より、「そうかしら?」と思う人の方がはるかに数が多いということがいえると思うのです。

家族が長い間病院に入って、いろいろな目に遭って亡くなったという家族の方は、もうそれを見ていますから、死は怖くないけれども、病院に入っていろんな医療の実験台にされたり何かして、その挙げ句に死ぬのだったら、病院に入るのはいやだと言う人が多いのです。

「自宅で死にたい！」

第三ですが、それは病院の機構とか厚生省の医療行政とかということにも関係すると思うのですが、去年の十一月にＮＨＫで、ご覧になった方も沢山あると思いますが、「クローズアップ現代」という番組の中で、「親を看取ること」というのをやっておりました。それは十一月頃の話しですが、そこの坊ちゃん、といってももう五十幾つの方ですけど、その坊ちゃんは親を看取るために会社を辞めて、一月一日から田舎に帰ってお父さんを看るわけなのです。その一カ月前の十一月の話しなのですね。

それで、お父さんはその時に病院を一時退院で帰っていらして、いよいよまた病院に帰らなくちゃならない。その坊ちゃんが仰しゃるのには、「お父さん、あと一カ月待ってくれたら、それから僕はずーっと家にいてお父さんを家で看るんだから、今度だけは帰ってください。あと一カ月の辛抱だから」と仰しゃるのですね。だけど、その痩せこけてしまったご病人のどこにそんな力があるのかなと思うほど、ベッドにしがみついて、「いやだ!」と凄いんですね。

私は本当にそうだろうなと思って、見ていられなかったのです。どんな人でも、いよいよ自分が病院で現代医学で助からないとわかった時は、慣れた家に帰ってきて家族に囲まれて死にたいというのは、やはり人間の最後の望みなのではないかと思うのです。

聖心のシスター鈴木という方がいらして、その方もお仕事柄、ターミナルの方にしょっちゅう出会うことが多い方ですが、その方がこの間も仰しゃってましたが、ターミナルでもういよいよ明日か明後日死ぬという方に「今、何が一番してほしいですか?」と聞きますと、百人が百人「家に帰りたい」と言うそうです。私はやはり、そういうものなのだろうなと思うのですね。誰も、沢山の病人が死んだ病院のベッドの上で死にたいなどという奇特なことを思っている人はいないと思うのですよ。大事な家族の一人である病人の願いに、今までは病院に行けばなんとか助かる、病院に行けば今度も助かると思って、病院に行くのが一番いいことだと思い込んでいて、そういう病人の願いというものに耳を塞いで、遮二無二病院に連れて行ったのです。だけども、本当にそれがいいことなのかどうかをもう一度考えるべきだと思いますね。

在宅死運動の実例

内藤いずみさんという若い女医さんがいらっしゃいまして、今甲府で開業していらっしゃいます。午前中は開業をして、午後は看護婦さんと、在宅で死にたいという方を二十四時間体制で守っていらっしゃいます。それが大変評判になって、今は甲府だけではなくて、長野の方にも在宅のそういう運動が拡がっているそうです。東京では日赤の救急医療センターにいらした村松静子さんと仰しゃる方がやはり、「病院から患者を助け出して家で死なせる運動」というのをやっていらっしゃいまして、私が三月に伺った時に、もう九人の方が大変感謝をしながら亡くなったという話しを聞きました。多分、今はもっと増えているでしょうね。

三者の協力のもとに

今まで、たとえば病院に入っていらして、現代医学で助からないということがわかって、「それでは家で心静かに自分らしいライフスタイルを貫いて死にたい」と患者が言った場合、病院はなんと言うかというと、「そんなわがまま言うんだったらどうぞご勝手に」、そうでなければ、「そんなことするんだったら、これからどういうことがあっても知りませんよ」と脅かすか、そうでなければ、「もうやることはありませんからお引きとりください」か、どれかなのですね。

私はやはりお医者様にお願いしたいのです。インターネットもあるし、学会の名簿もあるのだから、どうぞ今までご縁があって「袖すりあうも他生の縁」というのだったら、自分のところに入院した患者さんですから、その患者さんが最後に「自分らしいライフスタイルを貫いて、家で死にたい」と言ったら、「どうぞご勝手に」と言わないで、ぜひそれをサポートしてあげてほしいのです。

かかりつけのお医者様というのをたいてはもっていらっしゃいます。それは病院の主治医とは違って、「田中さんのおじいちゃんというのはこういう性格なんだね」「あそこの長男はどこに勤めていて、娘はどうだ」と皆知ってらっしゃるのですね。家族構成もその患者さんの性格も全部知っていらっしゃる。そういうふうな地域のかかりつけのお医者様と、病院の主治医と、それから在宅で看護ができる専門の看護婦さん、その三者で病人の最後の切なる願いをサポートして下されば、その場合にはサイエンスである医学というのはほとんど効果を発揮しないのですから、最低必要限度の医療でいいのです。最低限の医療を三者で受け持ってくだされば、あとの最大のケアは、家族とかヘルパーさんとかボランティアの人たちだけで、それはできると思うのですね。

医者のクオリティ・オブ・ライフでなく

今盛んにホスピスが出来てますね。この間も熊本に行って講演をしました。熊本には二つホスピスがあるのだそうです。それは大変有り難いことなのだというお話しをしていらっしゃいました。まだホスピスがない県も沢山あるから。でも、何床ぐらいの病棟だかわかりませんけれども、二つぐらいのホスピスが出来ても、とても熊本の老人人口を満たすことなどできないわけです。ましてや、ホスピスがない所も沢山あるのです。だから、ホスピスが出来ないよりはもちろん出来た方がいいですけれども、私は自宅ほどいいホスピスはないと思うんですよ。

お医者様はやはり生物的な生命を守ろうとなさるわけです。ですけれども、患者は自分らしいライフスタイルを守って死にたいと思っていることの方が多いのではないかと思うのですね。

私どもの主治医の先生方の中にも、とても真面目なクリスチャンで、プロテスタントの方がいらっしゃいまして、「自分は神様から医療という仕事を戴いているから、最後の一秒まで奇跡を信じて全力を尽くすことが私の仕事だ。それが私に与えられた使命だと思う」と仰しゃるのです。そこだけ聞いていれば大変に立派です、確かに。でも、それを患者が望んでいるかどうかはまた別の話なのですね。それはあくまでお医者様のクオリティ・オブ・ライフだと思うのです。その挙げ句の果てにお医者様が死ぬのなら、それはクオリティ・オブ・ライフが全部充足されて幸福の絶頂でお亡くなりになるのだと思うのですが、たいての場合は、死ぬのは生憎患者の方です。だからやはり、患者がどう思っているか、死んでいく患者がどういうふうに希望しているかということ、家族はどういう希望があるのかということを一番尊重してくださるのが本筋だろうと思います。

生命の伝達

私を含めて、老人が最後にできる仕事は何だろうかと思うと、それは、子供や孫に自分の死に方を見せることだと思うのです。

孫が背中を撫でたり手をさすってあげたりしているお祖父ちゃんとかお祖母ちゃんが、だんだん弱ってしまって、「もうお祖父ちゃん、お祖母ちゃんは助からないのかな、こんなに神様や仏様に祈っても助からないのかな、神様も仏様もいないのかな」という段階がありますね。それがいよいよ今度は、死ぬ別れの時になってとても顔が輝いたようになって、嬉しそうになったり穏やかな顔になったりして、もしかしたら孫の手を握って「立派な人間になるんだよ」と遺言をするかもしれませんし、手を握ったまま死ぬかもしれません。だけど、そこで孫たちが、「ああ、あんなに苦し気だったお祖父ちゃんやお祖母ちゃんの顔がこんなに穏やかになった、もしかしたらいい所に行ったのかもしれないな、もしかしたら神様とかあの世とかというのもあるのかもしれないな、魂というのはあるのかもしれないな」と、そういうふうなことを本当に体験的に感じることがあると思うのです。

それはやはりとてもとても大事なことで、在宅で患者を看取るということは大変なお金もかかるし、家の中を他人に見られたくないとか、受験生がいるからそれどころじゃないとか、人手がないとか、在宅で看取られないことを言い出せばきりがないのですけれども、でも、それを全部考えてもお釣りがくるほど、それは大変なことだと思うのですね。子供や孫はそれを五十年間覚えています、私もそうでしたから。「ああいう立派な死に方をしたお祖父ちゃんの孫だから」という感じはいつもありました。

そういうことを考えれば、どんなにお金がかかっても、そんなにお金がかからなくてもできると思いますが、たとえお金がかかっても、それは十分に報いられることだと思うのですね。「お祖父ちゃん、死んじゃったらしいわよ。だから病院の霊安室に行きましょう」では、そういうふうな生命の伝達というのは多分行なわれないだろうと思うのですね。

今は、家で死ぬことが一番の贅沢だと思います。ですから、それをなんとか叶えてあげる方向で進んでほしいと思います。

お医者様には、自分が考えていらっしゃるクオリティ・オブ・ライフというのを押しつけないでほしいと思います。

オールドシニアの辛さ

主人が『死について考える』という本を書いておりますが、その中で、「年をとって、かつて自分のことをとても愛してくれていた人たちが住んでいる世界に自分もだんだんに近づいて行くと、夕べの雲の間からその人たちのひそやかな声が聞こえる」と書いております。

婦人雑誌なんかでは、美しいシニアライフとかゴールデンエイジとか言うけれども、でも、「老いる」ということはやはりとても苦しいことだと思うのですよ。ミドルシニアぐらいまでは確かにゴールデンライフかもしれないけれども、オールドシニアというのはなかなか辛いことだと思います。

天国の門というのは、聖書によると、狭い門なのだそうです。生活のためにあれもこれもと背負っていったり手に提げていた物は全部置いていかなくちゃならないのですね。そのぐらいのことは誰でもわかっているけれども、中には自分の身を削がれるような、自分の身を削がなくちゃ入ってゆけないという人も沢山いるのだと思います。たとえば、ピアニストが指が曲がってピアノが弾けなくなるというのは、おそらく死ぬことより辛いかもしれません。それから、長崎の「二十六聖人」という彫刻をお作りになった彫刻家の方は、右手が利かなくなってしまって、最後には左手でお作りになった彫刻を日展にお出しになりました。それは不屈の努力だと思いますが、でも、右手が利かなくなったということは、その方にとっては身を削られるほど辛いことだったと思います。

そのように、やはり年をとるということは辛いことが沢山あることなのだと思いますので、その時に、耳を澄ませば、自分がもしかしたら死んだ時に一番先に会いたいと思っている人の声が聞こえたとしたら、やはりそれはとても慰めになるのじゃないかと思いますね。

キリストのやさしい眼差しを

今のお医者様には、「最後に心静かに死ねる還りの医療」ということをよく考えて戴いて、今までのように、病気をやっつけるファイティング・ドクターではなくて、――ファイティング・ドクターはもういいのです。ターミナルには要らない。そうではなくて、一緒になって患者さんの願いを聞いて、心静かに死なせてあげるということに力を注いで戴くような医学であってほしいと思います。

「心あたたかな医療」というのは、主人が身体が弱かったからというせいもあるのですけれども、キリストというのは、凄く頑健で全部満ち足りている人のところにはだいたい近づいて行かなかったのですね。人から軽蔑されたり、蔑まれたり、長いこと患っていた人たち、そういう弱い人の方にいつでもやさしい眼差しを注いでいたと思うのです。

その眼差しというのは二十一世紀になっても大変必要なことだと思います。

私は主人の「心あたたかな医療」を継ぎましたけれども、私自身は多分もう二、三年で銀河鉄道に乗ってしまうと思います。どうか二十一世紀にも、主人が唱えておりました「心あたたかな医療」を、若い方にぜひ継いで発展させていって戴きたいと思います。

お話しを終わります。どうも有り難うございました。

（了）

企業倫理と経営者の社会的責任

RHJインダストリアル・パートナーズ会長
ニュー・LTCB・パートナーズ代表
八城　政基

やしろ・まさもと
一九二九年東京生まれ。RHJインダストリアル・パートナーズ会長、ニュー・LTCB・パートナーズ代表。一九五八年東京大学大学院博士課程（国際関係論）修了後スタンダード・バキュームオイル日本支社入社。以後スタンダード・オイル・ニュージャージー（現エクソン・コーポレーション）取締役会長特別補佐、エッソ石油株式会社取締役社長、シティコープ／シティバンク在日代表、同エグゼクティブバイスプレジデント、同ジャパンプレジデント、同会長、ロンドン・スクール・オブ・エコノミックス・ビジティングフェロー等を歴任、世界的規模において実業界、金融界で活躍、一九九九年より現職。著書に『よみがえれ！　日本企業』『日本の経営　アメリカの経営』

企業倫理と経営者の社会的責任

八城　政基

はじめに

ただ今ご紹介にあずかりました八城でございます。講演のご依頼を戴いた時にはまだシティバンクにおりましたが、五月の初めからシティバンクを退職いたしております。現在は、以前から話しがありました、日本で企業買収を行なうファンドに関係しています。日本側は三菱商事をはじめとする幾つかの企業、アメリカ側は主としてペンションファンドを中心とする機関投資家から約十億ドル、千二百億円ばかりの出資を受けて、日本企業の事業部門を買収して経営の効率を改善して収益性を高めて再び上場することを目的としたファンドであります。したがって、現在はシティバンクの方の仕事はいたしておりません。ただ、ご講演のご依頼を受けた時には先ほどご紹介戴いたとおりでありまして、その後事情が変わったことをご了承戴ければと存じます。

それからもう一つ、私事にわたって恐縮ですが、私はこの二年ばかり前からロンドンに住んでおりましたが、現在は東京に戻っております。

ところで、最初にご依頼を受けた時に、実は正直申しまして大変困ったと思いました。と申しますのは、「良心」というと個人の話しでありまして、企業というのは事業を行なうことによって利益を上げるのが主たる目的でありますから、企業に良心があるかなあと、正直のところ悩みました。まあ、企業も倫理観を持たなきゃいけないということは昔から言われておりますから、企業倫理ということを中心にお話ししているうちに、だんだん、企業の良心というようなものに近づくかなと思って、お話しを受けてしまいました。

本山先生とのご縁は、今から二十五年ほど前にエッソ石油の有力代理店さん、京都のモリカワ商事の木下会長さんからご紹介を戴いたのが最初でございます。木下さんは、本日の会議の実行委員長をなさっておられることはご承知の通りでございます。

ところで、企業の倫理、あるいは経営者の社会的責任のようなことを考えた時に、まず申し上げたいことは、アメリカの企業がこの数十年来非常に変わってきたということです。三十年おりました石油メージャー、エクソン、エッソ石油、その後、十年近くおりました米国の代表的な銀行、シティバンクでの通算四十年近くのサラリーマン生活を通じて見てきたこと、経験したことを中心にお話しを進めさせて戴きます。

七〇年代における米国企業に対する批判

第一は、一九六〇年代の半ば頃までは、米国では「大きいことはいいことだ」とか、あるいは「大企業は善である」と思われていました。企業は大きければ大きいほど経済的あるいは財務的な力があるから、企業としての社会的な責任も果たせるし、社会のために役に立っていると信じられていました。石油会社エクソンであるとか、自動車のGMとか総合電気メーカーのGEなどの巨大企業の行なっている事業活動は信用できる、そうした企業の経営者は皆真面目で正直な人で悪いことはしないはずだと思われていました。

ちょうどその頃、ベトナム戦争が激しくなり、米国民の間にいつまで泥沼戦争を続けるのだと批判が高まり、政府をはじめ大企業などの既存の権威に対する批判が急速に強まりました。たとえば、大企業に対しては、企業が利益追求のために環境破壊を続けているとか、南ア連邦でウラン鉱の探鉱をしているのは南アの人種差別政策を支持している証拠であるといった、社会的批判がどんどん高まってきたわけであります。

とくに、七〇年代に入りますと、米国大企業の不正政治献金を中心とする不祥事件が次々に起きました。最大の事件はロッキード事件で、日本でも当時の首相が事件に巻き込まれるわけですが、事件が起きたのは七〇年代の半ば頃です。企業は単にいいことをしないばかりでなく、企業利益のためには政治を動かし、海外でも不正な献金をして自分たちの商売が有利になるように図ってきたという、厳しい批判を受けることになりました。たまたまその頃、七二年から七三年という時期にニクソン大統領のウォーターゲート事件が起こり、企業に対する批判ばかりでなく、世相を反映してテレビに暗いニュースが報道されることが多くなりました。

この時期に、私が勤めておりましたエクソンも同じような不祥事件に巻き込まれるのですが、これはイタリアで起きた不正献金事件です。私は当時ニューヨークにおりまして、エクソンの取締役会長の特別補佐をしており、毎日のように、現地で中東の石油産出国政府と交渉に当たっている幹部からの交渉経過のニュースが入ってくる最中に、イタリアでの不正献金事件が発覚し、取締役会の大きな問題として真剣な議論が行なわれました。この事件は、エッソ・イタリアーナという子会社の社長が、会社の金を不正なルートで政治献金をしていた事件です。イタリアでは、新聞社を通じて政党に献金をするという慣行がありましたが、エッソ・イタリアーナの社長が、そうした米国では違法の政治献金を、本社から隠すために帳簿外で行なっていたことを、エクソンから定期的に派遣される監査部のスタッフが発見したのです。

調査の結果、エッソ・イタリアーナの社長はクビを切られました。エクソンも常にクリーンな仕事をしていなかった、中には企業倫理に反する行動をする人間もいたということが当時話題になりました。

社外取締役制度の変貌と定着

その頃から、最近日本でもよく話題になる、現在のような役割を持つ社外取締役制度が、米国大企業の中で、形の上ばかりでなく実質的に重要な役割を果たすようになります。社外取締役制度が始まったのはもう少し早く六〇年代の後半からですが、大企業の中に、いわゆる経営陣でもなく社員でもない、つまり会社から距離を置いた、独立した立場から会社経営を見る立場にある人ということで、社外取締役を採用するようになったのです。最初は多少お飾り的な存在であった社外取締役が、ロッキード事件などを契機に米国社会に澎湃として起きた大企業に対する批判に応えて、従来とは違った役割を果たすように期待されることになったのです。従って、社外取締役が経営陣から独立した立場から経営陣に大きな影響を及ぼすようになるのは、七〇年代の前半になってからだと思います。

それまでは、銀行であれば、銀行と取引のある企業のトップ、たとえばエクソンのような会社の場合、エクソンが金融関係で取引のあるファースト・ナショナル・シティバンクとか、あるいはチェイスとの会長に入ってもらう。そういう人たちは、大体毎週末、同じカントリー・クラブでゴルフを一緒にするといった、よく気心がわかっています。つまり、当時は、お互いに同じような立場の人たちに社外取締役を務めてもらっていたわけです。

ロッキード事件以降は、ちょうど日本で現在行なわれているような議論がなされました。つまり会社とは違った立場で会社の仕事を批判的に見ることができる、中立した立場あるいは独立した立場で会社経営者の仕事ぶりをウォッチできる人たちが取締役会に入る必要があるということに変わってくるわけであります。その中には、大学の先生はもちろんのこと、社会の最大のマイノリティーである女性の方に社外取締役に就任してもらう。さらには、マイノリティーのもう一つの重要なグループである黒人グループの中から、会社の取締役に就任するようになります。

エクソンの社外取締役に、マサチューセッツ工科大学（ＭＩＴ）の教養学部長をしていた物理学者の女性がいました。その方に社外取締役の役割について質問したことがあります。「あなたはエクソンという世界最大の石油会社の社外取締役役員になっていらっしゃるけれども、どういう点で会社の役に立っていると思われますか？」と伺うと、彼女は、「自分は物理学者だから、エクソンのいろいろな研究開発について専門的な立場から意見を言うことができる。もう一つは、自分はエクソンとは全く利害関係のない人間だから、エクソンの行なっている仕事を外から見て、その事業について社会がどう見ているか、どう受け取っているかを経営幹部に伝えることができる」と答えていました。私は、やはり会社は社会の良心をその会社経営の中に持ち込むために彼女に取締役になってもらっているのだな、という印象を持ちました。

こうした背景をもつ社外取締役制度が米国企業では定着しているわけですが、現在ではさらに進んで、たとえばゼネラルモーターズとかゼネラルエレクトリック、IBMなどの大企業になりますと、取締役の中に経営陣からたった一人しか入っていません。最近では、取締役がたとえば十五人いれば、そのうちの十四人が社外取締役で、経営陣のトップである会長だけが経営陣を代表して、取締役の一人として入っているという会社が増えています。

社外取締役の役割——企業倫理の遵守——

もともと、ニューヨークの証券取引所には、上場している会社の取締役の半数以上を社外取締役にすべきであるというルールがありますが、それが極端に進んでいて、今では一番上の人だけが取締役になっていて、あとは全部会社とは利害関係のない人が取締役として入っている。ですから、取締役会の重要な役割の一つは、会社の経営の責任を持つ経営者がちゃんとやるべきことをやっているか、経営陣の最高責任者である、英語ではチーフ・エグゼクティブ・オフィサーと呼んでいますが、日本で言えば代表取締役社長に当たる人の、仕事ぶりを評価することにあります。もう一つは、さまざまな会社経営について豊富な経験をもっている立場から、社外取締役として会社の戦略について助言をするという、大切な仕事があります。第三には、社外取締役は、将来の後継者の選定について決定的な権限と影響力を持っています。

現在の米国企業の取締役会は、構成、役割、権限について、代表取締役の部下だけで構成されている日本の取締役会とは、全く違う姿になっています。米国の社外取締役、取締役会の運用、役割は、ロッキード事件をはじめとして米国の企業にさまざまな問題が起きたことに対する反省から生まれてきたものであります。当時、米国の経営者は、もし会社がちゃんと社会的な責任を果たし、企業倫理を守らなければ、米国の資本主義は崩壊してしまうという非常な危機感をもっていました。

もう一つ、当時のことでよく思い出しますのは、イタリアでの事件の後、エクソンの会長が社員全員に対して出した文書の中で、「会社というのはテレビの前で自分たちが何をしているか言えないようなことをしてはいけないのだ」と述べていたことです。非常にわかりやすい話しですが、よくテレビに出て、「それにはお答えできません」というようなことでは、どうにもしようがないわけで、自分たちの会社が行なっていること、行なおうとしていることについて、なんら躊躇なく話せるようなことしかやってはいけないのだ、ということです。私は、これは誰にでも大変わかりやすい話しだと思いました。

企業成員の倫理規定遵守

もう一つは、エクソンは、当時から二つの法律に関係する分野で大変厳しい倫理規定を持っており、全社員にそれを守らせていることです。もう数十年となく実行していることですが、一つは、独占禁止法に関する規定です。独占禁止法に違反するような行為、たとえば業者が談合によって商売を分け合うということなどは、当然許される行為ではありません。私が、石油会社の社長時代に一番気をつけていたことは、他の石油会社の社長と石油製品の値段の話しは絶対しないということでした。業者が自分たちの売っている商品の値段について相談をし、顧客にいくらで売るかということを決めるようなことをすれば、消費者は吊り上げられた高い値段で買わざるを得ないということになります。これは、消費者の利益に反することであります。

米国のスタンダード・オイルは、一九一一年に出来た独占禁止法で、三十四の会社に分割解体された歴史があります。そのうちの一つが現在のエクソンですが、石油会社にとって、米国の独占禁止法は非常に厳しいものです。外で競争相手の石油会社の社長さんと昼飯を一緒にした場合、会社に帰ると直ぐ、ランチでどのような話しが出たかを書類にして残します。もちろん、値段の話しはいっさいいたしませんが、それでも、どういう話しが出たかを書いて、会社の法務部の弁護士に見せます。彼は、私の書いたメモを自分のファイルに入れて置いて、将来何か事件が起きた時にはその書類をファイルから出して、問題になるような話しには当社の者は参加していないという証拠にするわけです。

私は、社員で非常に感心したケースが一つあったのですが、七〇年代の前半、日本で石油会社によるカルテル事件が起きました。その時、エッソ石油は全くそのカルテル事件に関係していませんでしたし、起訴もされていません。裁判が行なわれていた時期に、営業の幹部の一人が私のところに来まして、「実は自分は、当時、或る石油会社の幹部から電話を受けた。その電話を受けたことが裁判で証言の中に出ている。エッソ石油の私に電話をしたと、或る石油会社の人が証言していますが、それは事実です。これは会社がつねづね言っている独禁法にかかわる厳しい規則に反したと思うので、辞表を出します」と言って来ました。「一体どういうことがあったのですか？」と聞きますと、「石油連盟でいろいろ話しがあって、石油会社間の話しで値段はこういうふうに決めた、という一方的な電話でした」と。「あなたはどう答えましたか？」と聞くと、「そういう話しはそれ以上聞くわけにいかないと言って、電話を切りました」と言うので、「何も悪いことはないじゃないですか。それでいいのですよ」と答えました。

幹部社員のこうした態度、考え方が大切なのです。

もう一つは利害抵触規定です。英語ではコンフリクト・オブ・インタレストと言いますが、利害抵触の可能性のある事柄に対して、社員がどのように行動すれば良いかを規定したものです。会社に勤めている者は自分の仕事を通じていろいろな機密情報を知る立場にありますが、そうした情報を使って自分の利益を図ってはいけないということなのです。たとえば、会社の仕事を通じて、自分の会社が今行なおうとしている合併であるとか、よその会社と重要な契約が進行中で、もし、その話しが順調に進めば会社が儲かるかもしれないし、相手の会社の株価が上がるかもしれないという時に、そういう情報を知る立場にあった者が、その情報、つまり内部者情報を個人や家族、友人の利益のために使ってはいけないという規定なのです。会社幹部はもちろん、仕事上、内部情報を知り得る立場にある者は、年に一度、自分は独禁法にも利害抵触に関する規定にも違反した行為はしていないことを宣誓する必要があります。

株主総会の日米間における違い

もう一つ、米国企業と日本企業の違いは株主総会の在り方です。日本でも、バブル崩壊後の株主総会はだいぶ時間が長くかかったところもあるようですが、今年はかつて問題のあったところでも三十分ぐらいで終わったということが新聞に書かれています。私も、エクソンが大株主である日本企業の株主総会に、株主を代表して出席したことが何回もありますが、だいたい十五分か二十分ぐらいで終わっていました。その会社の社長さんは、「今年は十五分で終わった」と、短く終わったことがいかにも良いように言っていました。

米国の場合には、だいたい三時間、四時間の総会というのが普通です。株主の中にはカソリック教会もあれば、大学の基金、州政府の職員退職金基金などの大口の株主、機関投資家があります。そうした株主がよく問題にするのは、たとえば七〇年代の初めですと、「ベトナム戦争に使われている火薬の中にはエクソンが製造している化学薬品が原料として使われているのではないか」、あるいは、「エクソンは南ア連邦でウラニウムの探鉱をしているけれども、南アは、アパルトヘイトという政策で黒人を差別している。そういうところにウラニウムの採鉱をするということは、お金がその国の政府に流れることで、間接的にそういう政策を助けていることになる」といった種類の質問がよく出ます。それほど社会の目は厳しくなっていたわけです。それに対して会社はどう答えるかという時に、会社は必ず取締役会で社外取締役の人の意見を聞いて、「いったい皆さんはどう思いますか」ということがよく討議されるわけであります。

それに比べて、日本の企業の不祥事件というのが何回も新聞・テレビで報道されましたが、総会で問題になれば、日本企業の場合は二十人をこえる人数の取締役が雁首をそろえて頭を下げて、「申し訳ありませんでした。今後私どもは全社一丸となって、再びこのような不祥事件は起こしません」ということで幕を引く場合が多いようです。しかも、たいてい、「不祥事件の動機は個人が利益を受けようとすることは全くなく、すべては会社のことを思って行なったことだから、深く個人の責任を追及すべきでない」ということで、皆がなんとなく納得してしまうようです。

これは、問題発生の原因を会社内部にチェックシステムができていないことに求めようとはせず、精神論で片づけようとしている表われであると言えます。日本の企業経営者の言う「再び不祥事件は起こしません」というのは、あまり安心できないのではないかと思うわけです。決意をいくら言っても、不祥事件が起きないようなチェック機能を作らなければなりません。

「アメリカ人は性悪説を信じているのに対して日本人は性善説だから、悪いことをする人はいない。何か事件があっても、それは会社のためを考えて従業員がやったことで、悪くはないのだ」という意見がよく聞かれます。私は、そういうこともあるであろうと思います。しかし、銀行問題にしても、この十数年来起きたことは、大蔵省の行政の下で、当時は、「銀行が赤字を出すことはけしからん、出さない方がいい、赤字を出したら日本の金融システムが崩れる」というふうに言われていたために、銀行は赤字をなるべく出すまいとして、不良資産を表に出さなかったのかも知れません。その意味では多少同情すべき点はあるのですが、これは、やはりシステムとしてリスク管理体制ができていなかったことに根本的な問題があったのではないでしょうか。

チェック・システムの確立が必要

「全社一丸になって」というのは精神論だけでなく、同時に、そういう不祥事件が起きないように、いろいろなリスクに対する十全な管理体制を作らなければなりません。「事件が起きる可能性は常にある。従って、絶対に事件が起こらないようにシステム的に方策を講じることが必要だ」というのが、米国人の考え方なのです。したがって、銀行でも、お客様から注文を受ける者と、注文された事項を実行する者とはべつべつにしているわけです。同じ人物が顧客からの注文を受け、取引を実行してはいけないのです。実行する人間が同一人物であれば、取引の内容と顧客からの注文を第三者がチェックする必要があります。

日本の銀行で融資されたものが大量に焦げ付いた結果、この数年来、毎年数兆円の業務純益を、全部不良資産の償却のために使ってきました。借りたものは返すということで借りたに違いないのですが、経済情勢が変わって返せなくなったということがあるのかもしれません。米国でも、九〇年代の初めに、銀行の不良資産問題が起きましたが、殆どは二年間で片づいています。

驚くべきことは、日本の銀行の場合、いわゆる不動産とかノンバンク、建設業への集中度がものすごく高いのですね。どんな産業でも、景気の後退によって中身が悪くなるということはありますから、特定の産業にいっぺんに集中して貸すことは銀行業として本来やってはいけないことなのです。一つの企業に集中して貸すということも避けるべきことなのです。分散をしなければいけないということは大原則ですが、リスクの分散が行なわれていなかったことも一つの原因であります。

要するに企業は、経営の中には、システムとして問題が起きないように、不正事件が起きないように、あるいは大きな損失が起きないような、チェック・システムを作らなければならないということだと思います。

コーポレート・ガバナンスについて

そこで、次にコーポレート・ガバナンス問題を取り上げたいと思います。

新聞でコーポレート・ガバナンスという言葉をよくご覧になると思いますが、日本語ではどうも馴染みの薄い言葉ですが、「企業統治」という言葉が使われております。

一言で、コーポレート・ガバナンスとは何かといいますと、会社経営について、経営陣だけでなく、他の独立した立場の人たちがチェックを働かすことだ、ということなのです。

私はロンドンで、経済団体とか大学から、日本におけるコーポレート・ガバナンスについて話しをして欲しいという依頼をたびたび受けました。冗談のように、「日本にはコーポレート・ガバナンスが機能していないという話しならできるけれども、日本の企業におけるコーポレート・ガバナンスという話しは非常にしにくい」と言って、話しを始めたことがあります。

日本の企業には、一般的に、会社経営陣をちゃんとウォッチする体制ができていません。これは、取締役会の全員か大部分の人が、代表取締役社長によって社長の部下の中から選ばれているためです。つまり、取締役会は経営陣と全く一体で、同じなのです。ですから、経営を行なっているものをウォッチして、その人たちを評価する組織としての取締役会の重要な機能が果たされていないのです。取締役のほぼ全員が、社長によって子飼いの社員の中から選ばれていますから、取締役会には会社経営陣をチェックする能力がないわけです。もちろん、日本企業のなかには経営内容の優れた企業も沢山ありますが、取締役会が、システムとしての経営陣に対するチェック機能を果たしているとは思えません。

日本には監査役制度がありますが、これも最近ではいろいろ強化されて、外部監査人という監査役を入れなければいけないということになっておりますが、もともと、監査役というのは、悪口を言う人は、「閑散役」といって仕事のない人たちだと日本では冗談のように言われているぐらいで、殆どが取締役にならなかった人、あるいは元取締役になっていた人が監査役に残る。なかには、代表取締役社長の配慮によってお情けによってなったという場合さえあるわけです。しかも、監査役にはたいした予算も与えられてない。部下もいない。そういう立場で本当に監査ができるか、ということになります。

もう一つは、会社の監査をするのには外部監査人というのがあり、何人かが集まって監査会社を作っています。この人たちも会社の中身をちゃんとチェックするわけですが、これも「雇われているのだ」という意識がありますから、会社にとって都合の悪いような監査報告書は書かないというのが長い間に慣行となってしまったようです。最近になって、それではだめだというので、場合によっては、監査を行なうために必要な情報が十分提供されないような会社について、「問題はないという監査報告書は書けない。書くとすれば、お宅の会社には問題があることを指摘しますよ」という強い態度をとった監査法人がでてきました。その結果、監査法人から深刻な問題があると指摘された某第二地銀は業務停止に追い込まれました。やっと、信頼に足る監査法人が日本にもでてきたわけです。監査法人の「あるべき姿」を示したものと言えましょう。

それに比較して、米国企業には監査役制度がありません。しかし、社外取締役だけで構成される監査委員会があります。監査委員会は、経営陣からは完全に独立した立場から、会社の経営内容について、経理監査の立場と業務監査の立場の両方で見ています。経理監査については、米国の場合、内部の監査部と外部の監査法人が監査を行なっていますが、監査委員会がその上に立っています。監査委員会は、監査法人が行なう監査の方針、内容、監査報告について報告を受けます。会社内部の監査部は会計監査のみならず業務監査を行なっており、監査部に対する命令指揮権は監査委員会にあります。会社の中に問題があった場合、監査部はどこに報告するかというと、社外取締役だけで出来ている監査委員会に報告をしますが、同時に、報告を最高経営責任者（CEO）にもいたします。

日本では、実際に問題があった時、監査部からラインを通じて社長に報告が上がった場合、社長が「そんなことを監査役に言うな」などと言って報告を止めることができるかもしれないのですが、米国企業の場合、監査委員会は経営陣から独立しているばかりでなく上位に位置していますから、内部の監査部からの報告書は直接、監査委員会に提出されます。監査委員会は原則として三カ月に一度開かれ、監査部から報告を受けます。報告書のなかで重要な問題の指摘があれば、CEOは監査委員会の会合で監査報告書を目の前にして「監査部の報告書で指摘されている問題については、私としては……」と言って弁明をしなければなりません。つまり、会社が問題を起こさないような予防措置が二重にも三重にもシステムとしてできているのです。

そういう意味でも、やはりコーポレート・ガバナンスというのは、取締役会の改組から始まって、独立した立場で会社の経営陣をウォッチできる人たちが入ってくる必要があるし、監査役あるいは外部の監査法人が協力をして会社の経営者を厳しく評価をし、誤っていることはどんどん指摘をして改善していく体制にしなければならないと考えます。

ステークホールダーと株主

民間企業は私的企業であり営利会社でありますから、利益を出すことは当然のことであります。この点についても、日本と米国の間にかなり大きな違いがあります。

企業の目的は何かという時に、日本の経営者は殆どの人が、新聞社のアンケートなどに対する答えから推測するのに、企業の経営トップは、「多くの利害関係者間の異なった利害をうまくバランスをとることが自分たちの重要な仕事だ」と考えているように思われます。「われわれはステークホールダーの利益を考えた経営をしている」という場合、経営者のいう広い意味でのステークホールダーには、株主、従業員、組合、会社に金を貸してくれている金融機関、あるいは原料を買っている会社であったり、あるいは出来た製品を売ってくれる商社であったり、いろいろな関係者が含まれているようです。日本では、そういう関係者の間の利害をうまく調整するのが企業の目的の一つだというふうな主張です。

それに対して米国企業の経営者は、「われわれ経営者の責任は、シェアホールダー（株主）の利益を増大することにある」と考えています。株主価値（シェアホールダー・バリュー）を高めることだという言い方をする経営者もいますが、要するに「会社の利益を上げて、シェアホールダーに、株主に報いることがわれわれの企業目的だ」と言うのが米国経営者であります。

「ステークホールダーという、多くの立場の違った人たちの利害を上手く調整しながら全体の利益に奉仕しているのだ」とか、「お互いに利害の対立する人たち全体に対して自分たちは貢献しているのだ」というわけで、聞く人の耳には心地よく聞こえますが、経営の目標が曖昧になってしまう欠点があります。というのは、日本の株式は誰が持っているかということを見ると、銀行、証券会社などの金融機関が全体の約三五パーセントを持っています。その他に約二〇パーセント強が企業間の株の持ち合いです。ですから、全株数の六〇パーセント近くが金融機関か、お互いに株の持ち合いをしている企業の持ち株というのが現状です。

　それ以外の株主は保険会社、信託銀行、年金などのいわゆる機関投資家と、個人株主ということになります。このグループの投資家の目的は財務的なもので、投資によって利益を得たいと願っています。個人株主には外国株主もおり、最近では日本経済の回復を期待して徐々に増えつつあります。

　しかし、銀行などの金融機関や企業間の持ち合いで所有している株式は、純粋な財務的目的ではなく、銀行であれば相手企業が必要としている金融サービスを自分のところで提供したいという商売上の理由であり、企業間の持ち合いは、系列企業間でみられるように、株主の立場より商売上の取引を有利に進めようという動機から出ています。多くの企業は、株を持っている金融機関、あるいは法人との間の利害関係の上に立って経営が行なわれている。もしも金融機関が株を持っていれば、金融機関は相手の会社に対して金融サービスを売りたいという意欲があります。金融サービスを売るということは、株主としての金融機関の方の立場よりも、為替の取引をして欲しい、お金を貸し付ける、あるいはその他のいろいろな金融サービス、たとえば社員の給料を払い込んでほしいとか、そういったサービスの方を売ることに関心がいってしまうわけです。ですから、純粋に株主である個人の株主の利害とは、そこでは対立することがある。そういう意味でも、ステークホルダーと呼ばれる金融機関であるとか、取引のある事業会社と、純粋に株式だけを持っている個人の利益との間には対立が起きることがあるわけです。

私は、やはりシェアホールダーの利益を、価値を高めるために会社経営をすべきだと考えます。企業の経営者に対して株主から与えられている最も大切な責任は、長期的に安定した利益を出すことなのです。長期的に安定した利益を出せば、当然その会社は税金を払います。そして会社の経営内容が良ければ、従業員に対して他社に比べて恥ずかしくない給料を払い、良い待遇をすることができます。会社は税金を払うことによって社会への貢献をし、従業員には十分な給料を払うことができる。そして株主にも報いることができる。私は、株主価値の増大を長期的に図るということを経営目標にすれば、企業として多くの関係者にも報いることができると思います。

日本企業への信任

もう一つは日本の企業への信任の問題があります。日本の企業が多くの不祥事件を起こしてきましたが、外国の友人のなかには、「日本の企業には、もともと不祥事件を起こすような体質があるのであろうか」「日本への投資をしても大丈夫だろうか」といった不安をもつ人があります。

最近でこそ日本株の外人買いが盛んに行なわれていますが、これは、「日本経済が落ちるところまで落ちてしまった」と、「したがって日本企業のリストラも本格化し、業績も遅からず上向きに転ずるに違いない」と思っている人が多いためです。「この辺で買えば、おそらく株は上がるだろう」と思って、買っているわけです。英語で言う bottom fishing です。海の底、一番低いところまで株価が下がったと判断して宝物を拾おうというわけですが、ボタム・フィッシングをしようという外国人投資家が増えているのです。米国の株価は非常に高くなって一一、〇〇〇ドルをこえています。九六年には六〇〇〇ドル以下でしたから、三年後ぐらいの間にほぼ倍になりました。「米国株はもうこれ以上買わない方がいい。日本はバブル崩壊で不況が長く続いているが、依然として世界第二の経済大国で経済の再生も近いに違いない。もうそろそろ買いだな」と思って、入ってきているわけです。

しかし本当に日本の企業を信用して入ってきているかというと、必ずしもそうではない。日本への本格的な投資にとって、障害の一つは、「日本の企業には本当にコーポレート・ガバナンスが働いているだろうか」「安心してその会社の株を買うことができるだろうか」「会社経営者はちゃんと株主のことを考えてくれるかどうか」というふうな心配があるわけです。企業に対する信用回復をしなければならないということが、これからの課題だと思います。最近では、取締役会も外部取締役を入れたりして、いろいろ変えようとしていますから次第に変わるとは思いますが、現状では、日本企業に対する外の目というのは非常に厳しいのです。

経済の見通しですが、第一四半期に大変良い数字が出ています。去年（一九九八年）の第一四半期に比べて七・九パーセントですか、これは一クォーターだけの比較ですから、今年の初めから税金が下がったとか、大型の公共事業支出が出ているとかという理由ですが、第二四半期の業績を見て、再び日本の第二四半期の国民総生産（GNP）が対前年比でプラスに転じているならば、おそらく日本経済が回復軌道に乗ったということで、日本買いが始まるだろうと思います。今年全体のGNPの伸びがたとえば一パーセントになるか、あるいは〇・五パーセントかわかりませんが、全体としてみればプラスに転じたという判断になれば、世の中も明るくなるのではないでしょうか。

しかし、少し景気が上向いたと安心して、企業がやるべき構造改革を止めてしまう危険もあります。

しかし、日本企業は、依然として将来の経営の焦点をどこに置くかを真剣に考える必要があります。今までいろいろなものに手を出したものの中で、企業の長期的な成長にとって重要な分野とか得意とする分野を見極めて、経営資源を集中的に投入しなければなりません。来年の三月期には連結決算が義務づけられます。大企業になればなるほど沢山の子会社をもっていますが、子会社のかなりの部分は赤字経営になっています。来年三月になると、それを全部表面に出して、子会社を含めた全社を一つにして計算しなければならなくなります。日本の企業は非常に大きな転換期にきているわけです。人を減らすことだけがリストラではなしに、いろいろな事業分野の中で、将来性のないもの、他社に比べて競争力のない分野からは思い切って撤退し、そこで余裕の出てきた人材、資金を、将来の中核になる分野に集中しなければなりません。

もう一つは、会社の企業倫理とも関連があるのですが、企業活動についての情報開示が非常に大事であって、日本の企業の総会への通知などを見ると、非常に薄っぺらいものがくる。年次報告書といっても、中身を読んでもよくわからない。これは米国の企業の場合と非常に違う点です。米国企業の場合は、四半期毎に報告書を証券取引委員会に出します。アメリカでいうところのセキュリティ・エクスチェンジ・コミッション（SEC）と呼んでいますが、ここに報告書を出します。その報告書の内容はだいたい五十頁ぐらいのものが四半期毎に出ますから、それを読む限り、会社が何をしているか、どういう業績であるかということも全部わかるようになっています。それから今申し上げたような、会社が出す四半期毎の報告書を、インターネットで簡単に見ることができます。ですから、会社の中のことを知りたいと思えば、そういう公開された情報を読めばよくわかる。私も執行役員をシティバンクでしていましたから、毎月幹部会に行っていましたが、そこで知りうる情報は殆どがそういう公開された情報の中に入っていて、場合によってはそれを読んだ方がもっと詳しいことがわかると言われるほど、情報の開示をしているわけです。ですから、会社が社会から信用されるということのためには、それぐらいの情報を外に出さなければならない。そうしなければ、なかなか社会からは信用されることがないのではないかというふうに思います。

企業による社会への還元

確かに資本主義の世界では、企業は利益を出すことが目的でありますけれども、社会的に意味のある分野には思い切って企業からの寄付をすべきだと思います。日本の企業は、政治献金はするけれども、もっと大事なことにお金を使わない。シティバンクにとって九〇年代の初めは経営上厳しい時期でしたが、年間で二千万〜三千万ドルぐらいの寄付金を、文化的な事業や大学教育を中心に、中止することなく継続してありました。ニューヨークのメトロポリタンオペラとかニューヨークフィルなどの文化的な事業への援助をはじめ、大学に対する研究助成金、学生への奨学金等に、日本円にして二十億〜三十億ぐらいのお金を毎年出しています。企業による社会への還元です。

私の知り合いの米国人で、週末になるとボランティア活動を行なっている人が何人かいます。たとえば貧しい人たちが住んでいる地域で子供たちを集めて日曜学校のようなことをするとか、あるいは女性ですと、普段でもボランティア活動で病院で働いている人がいます。ボランティア活動を通じて社会に貢献している社員については、その人の会社の中における成績の中にプラスの要素として加味している会社が増えつつあります。

全てに外部の目（チェック）を

今までのところは利益を出す団体の話しをいたしましたけれども、最後に一言申し上げたいのは、利益を出すことを目的としない団体、英語ではノンプロフィット・オーガニゼーションと呼んでいる、財団のようなところですが、そういうところにもやはりコーポレート・ガバナンスが必要だということです。非営利団体の運営についても外部の目を入れる必要があるというわけです。利益を出すことを目的としている事業会社と同様、理事会が団体とか財団の運営について独立した立場から助言、勧告のできる理事を入れるべきだという主張です。

企業が寄付行為をする場合でも、どういう形でどういう寄付をするのが一番望ましいかをチェックをする必要があります。寄付がどのように使われているか、どういうところに寄付をすることが企業の社会貢献からみて望ましいかということも、よく研究をされています。

ご静聴有り難うございました。

司会　八城先生、どうも有り難うございました。進行する上で大変うれしいご配慮を戴きまして、時間内にお話しを終わらせて戴きまして、会場にも何かご質問をということを仰しゃって下さっています。お時間を戴いておりますので、もしございましたら会場からご質問を戴きたいと思いますが、いかがでございましょう。

質問　質問ではないのですが、日本リザルスという、ＮＧＯをやっていまして、感謝を述べたいと思います。

私たちは二年前に世界の飢餓貧困問題という、世界の子供たちが毎日三万人死んでいるということで、ワシントンにボランティアが集まりました。三千人ぐらい集まったのですけれども、その時シティバンクさんが十万ドル寄付して下さいまして、本当に感謝しております。その時シティバンクの会長さんも来られましたし、世界銀行の総裁とか、錚々たるメンバーが来られました。日本の銀行の方にも招待状を出したのですが、なかなか来て戴けなかった。やはりそれだけ違うのだなということで、本当に感謝しております。それだけです。どうも有り難うございました。

八城　どうも有り難うございました。

質問　堀田といいます。大変いいお話しを有り難うございます。
「企業の良心」ということで、来年の一月一日のコンピュータ二〇〇〇年問題を考えた時に、日本の企業は皆さん、「安全だ、安全だ」としか仰しゃってないわけですね。ところがアメリカはご存知のとおり、年初からクリントン大統領が、いわゆる情報公開をして、国民に「危険だ」ということをどんどん言ってますね。日本は昔から、情報非公開というのが相変わらずで、全くその辺に政府も企業も良心を感じないように思われるので、大変その辺を心配しておる一人なのですが、その辺についてはどうお考えでしょうか。

八城　二〇〇〇年問題というのはY2Kと英語では言うのです。Y(year)、2(2)、K(キロリッターのキロが一〇〇〇)で、二〇〇〇年というわけです。シティバンクの中でも二〇〇〇年問題が話題になったのは一九九五年ですか、今から四~五年以上前です。そして全てのコンピュータでのいろいろなプログラムを全部チェックするというのでチェックを始めて、おそらく去年の前半には全部チェックを終わっていて、シティバンクに関する限り問題はないと考えています。

今、米国で問題になっているのは、「世界中どこにも二〇〇〇年問題を起こさないようにできないか」ということなのです。世界中がコンピュータで繋がっているわけですね。二〇〇〇年になった時に、普通コンピュータというのは西暦では一九を省略してきたために問題が起きる心配があるのです。八〇年代は八一、八二、八三……ときて、九〇年になって九〇、九一、九二、九三……というように、数字は初めの一九を除いているのです。つまり二〇〇〇年という、二という数字がないのです、一九を使っていませんから。従ってコンピュータは、二〇〇〇年になると一九〇〇年に戻ってしまうという心配がある。そこで二〇〇〇年という、二という数字が出てきた時にそれをちゃんと認識しないで、いろいろな問題を起こすのではないかという心配をしているわけです。米国では、この問題を非常に気にしていて、五〜六年前から各企業単位でチェックを行わない、直すべきものは皆直してきました。日本では、日本は銀行については第三次オンライン化というのを数年前に実施した時、コンピュータを全部二〇〇〇年以降のことを考えてプログラムを作っているから問題はないということで、まず安心だと言われています。

もう一つは、日本は「昭和」とか「平成」という元号があるから、西暦の国より問題が起きないと言う人がいます。最近、シティグループやJPモーガンなどの銀行の株価が少し下がりましたが、その理由は、それぞれの銀行には問題がないだろうが、取引先の銀行が二〇〇〇年問題についての対応が遅れているために世界のトップの銀行でも問題が起きるのではないか、という心配をしているのです。

十二月の終わりから一月の初めにかけては飛行機に乗らないで、自分の家でじっとしているのが良いと言う人が多いようです。最近の『文藝春秋』で、私が一九六六年にニューヨークで停電事故が起きた時のことを写真入りで話した記事が出ましたが、あの記事の中で「二〇〇〇年問題というのはニューヨークの停電事件に類したことが起きる」と言ったのですが、「文春」の記事では削除されています。無闇に多くの人に心配させる必要はないということだったのかも知れません。ニューヨークの停電事件というのは、ニューヨークを中心とする東部では、カナダ側のナイヤガラの発電所から電気を買っていたのですが、なんらかの原因で、いっぺんに電力の負荷が集中して事故を起こし停電になったのです。ニューヨークのマンハッタン全域が停電をしたという事件です。

銀行の取引というのは世界中が皆繋がっていて、お互いにお金を送ったり受け取ったりするわけですが、或る銀行の二〇〇〇年問題への対応が遅れていたために、或る日予定していたお金が入ってこなかった。そうすると、その銀行が送ろうとするお金が入ってこないから、連鎖反応で世界中にそういう問題が起きるという問題を心配しているわけです。ですから、まあ、それについてはおそらく対策を考えているのですが、おもしろいのは、これは真面目な話しではあるのですが、お金を盛んにアメリカは印刷していると言っているのです。いわゆるドル札です。なぜかというと、年末に向かって銀行から皆下ろす、銀行に預けておくとそれがどうなるか心配だというので、普通の通貨の量よりも二倍も三倍もお札を用意しているということまで言われているのです。

だから、とにかく、銀行にいくら預けているかを、どこかにちゃんとお書きになっておいた方がいいことは事実ですね。そうじゃないと、一月一日になったら、いくらあったかわからない、「暫く時間が経たないと、あなたの預金はどうなっているかわかりませんよ」と言われたのでは困りますから。つまらないことを申し上げますけれども、そういう心配もして、アメリカではお札がうんと流通するのではないかと言われているのですね。小切手だとかクレジットカードがおかしくなるかもしれない、と。それは単なる空騒ぎに終わるといいと思いますが、とにかく、預金がどこにいくら預けてあるかだけはちゃんとお書きになっていた方がいいとは思います。

どうも長いこと有り難うございました。

（了）

個人と社会を甦らせる良心

ＩＡＲＰ会長、ＣＩＨＳ学長
文学博士
本山　博

もとやま・ひろし

一九二五年生まれ。幼時よりの厳しい修行をとおして体得した宗教経験の世界を、電気生理学的、生物物理学的研究方法により明らかにすると共に、各学問専門分野より宗教について考察し、学問と修行両面からの後進指導に生涯を捧げ、この目的から、六一年宗教心理学研究所、七二年国際宗教・超心理学会、九二年カリフォルニア人間科学大学院大学（ＣＩＨＳ）等を創設。文学博士。イタリア・アカデミアチベリナ正会員。著書に『超感覚的なものとその世界』『東洋医学 気の流れの測定・診断と治療』『場所的個としての覚者』『神秘体験の種々相Ｉ・II』他多数。全ての存在の根元を求め、それとの繋がりにおいて人間の生き方、良心の本質とそのあり方の方向づけを探る。

個人と社会を甦らせる良心

本山　博

はじめに

午前中から午後にかけて、三人の優れた講師の先生方より、いろいろな角度からの、良心を支える根拠になるようなお話しを伺ってまいりました。

初めの村上先生のお話しは、研究者として私が考えることと非常に似たような立場で話されている。そういう意味では非常に共感と興味をもって伺いました。

遠藤先生のホスピスについてのお話しも、私はお宮の宮司をしておりますが、ごく最近も、或る方から「父が臨終近くなったのでぜひお祈りをしてほしい」という電話がありました。そういう電話がよくかかってまいります。一生懸命にお祈りをして、人の死に際のいろいろな状態に今までなんべんも遭ってまいりました。臨終の方たちが、本当に本人が安心をして、家族の中で十分に家族とのコミュニケーションができて死んでいける、そういう時には、亡くなったお祖父さんとかお祖母さんが見えて、そういう人たちとも心の面でいろいろな話しをされるのを、よく見聞きしてまいりました。ですから、病院の医師のあり方、あるいは医療制度の問題も、医師が医師としての勤めを全うすることの内に、死ぬ人の立場に立って、その人が安心して死後の世界に行けるように努めることも含めてほしいというお話しも、「そうだ!」と深く共感したわけです。

一九九二年、私は南カリフォルニアに、CIHS(カリフォルニア人間科学大学院大学)という、大学院大学を創立しました。それまでは、客員教授その他でいろいろな国で授業や講演をして、学生や参加した人びとが満足してくれればそれでよかったわけですが、小さいけれども大学院というものを設立して学校経営をしてみると、アメリカの人たちと一緒にやっていくのと、日本で研究所や学会を運営し経営していくのとでは、経営者の立場といいますか、心構え、人びとに対する接し方、それから契約の問題にしても、大いに違いがある。アメリカでは契約が一つの重要なコミュニケーションといいますか、何年か働いてもらう時の大事なポイントになるわけです。それに対して日本では、契約内容というよりも、心が通じ合うというような問題が非常に大事である。それで、人の役に立つような、あるいは地球社会が実現するためのリーダーを養いたい、あるいは、心や魂と、身体とのつながりを調べるための先端的な研究を行なう大学院を作りたいと思って始めたのですが、初めの二〜三年は、経営という面で非常に苦労しました。日本人とアメリカ人では、働くことについての態度というものが非常に違うように思います。今年ももうすぐＣＩＨＳへ出掛けて、新しい副学長の人選をしたいと考えていますが、その人選をする時の、日本とアメリカの違いについての一つの大切なポイントを八城先生のお話しから教えて戴いて、非常に役に立ったように思います。

三人の先生方のお話しは、上のように、いろいろな共感と理解を与えて戴きました。

有り難うございました。

良心の復活を願って

この十年ほど、私はアメリカで半年、日本で半年生活し、あるいはドイツ、イギリス、フランス、インド等いろいろな国へ行って、国際会議議長とか特別講演者など務めてまいりましたが、その中で実感しますことは、今世界中が、一つの方向、資本主義の下での物質的な豊かさを追求する方向に向かっているということです。たとえば昔から非常に信仰の厚かったインドの人たちの中でも、学歴のある人たちはインドに住むことを好まないで、アメリカとかヨーロッパに移る。その基本にあるのは、豊かな生活を求め、インドの慣習主義というか、上から抑えられ、個人の自由の少ない生活を嫌い、自由に豊かな物質生活を楽しみたいということのようです。こうしてだんだんに、私が昔インドの大学で教えた学生や、あるいは今は教師になっている人たちも、海外へ出ることが多い。そして海外での物質の豊かな生活にいったん慣れると、インドに帰ってインドの昔の生活に戻ることはなかなかできにくい。それもやはり世界の一つの流れだと思うのです。

五十年前、百年前の私どもの生活と現在の生活とを比べてみますと、昔は飛行機はなかったし、あるいはまた、私が育った田舎では、夜は一軒の家に十燭光ぐらいの小さな電灯がついて、朝は自然に消えるようになっていた。暑い寒いも自分の身体でそれを乗りこえないといけない。食べる物も、麦飯にお新香とか梅干しとかで、たまにはサケの干からびたようなものを食べるというのが田舎の百姓の生活でした。電車に乗るのに一時間も歩いて、今から考えると、時速二十キロか三十キロしかない電車に乗った。そういう生活をしていた私どもの五十年、六十年前の生活に比べると、今はたいていの所に冷暖房があり、行きたい所へは飛行機で行ける。知りたいことはインターネットで知ることができるというふうに、五十年前あるいは六十年前には想像もできなかったような豊かな物質生活をしています。それは一つには、資本主義経済と、それを支える科学技術によってもたらされたわけですが、いったんそういう豊かな生活に慣れてしまうと、私たちはそれから後戻りするというのがなかなか難しくて、さらにさらに豊かな生活をというふうに物を追いかけているのが現状だと思います。

ところが、資本主義というのは、個人にしても、企業にしても、国家にしても、国益あるいは企業の利益あるいは個人の財産というものを獲得することが一つの大きな目標であって、人間はその働きに応じて、自分の心の能力であっても身体的な能力であっても、サラリーというお金に換算される。そしてそれに何十年も慣れてきますと、いつのまにやら、人間は自分あるいは人間存在を、物あるいはお金に換算して考えるようになった。そして、自己を主張し、自分の権利を主張し、個人主義的な財産を作る、物質的に豊かな生活を作るということに目を奪われて、今の世の中はギスギスして、人のことをあまり考える余裕が失われた。そして、裁判とか争いとかが増えてきました。つい先日もテレビで、親の子供に対する虐待事件が増えて、死にいたらしめるようなことさえ、この二〜三年殊に増加しているとの報告がなされていました。

こういう世相を見聞きする度に、人間はいったい何のために働き、どこへ向いて生きていっているのかというようなことを、もう一度考え直す必要があると痛感するのです。つまり人間には本来、悪を斥け、善を行ない、社会を良くしていくように自分の意識に命じる内奥の心、つまり良心がある。それなのに、社会のために尽くす、人のために尽くすというようなことが、今の人びとの中にはだんだん忘れられているように思うのです。

こういうことで本当に人間は生き延びられるのだろうか、人間の社会がつぶれないのだろうかという切実な思いが、今回の「二十一世紀における良心の諸問題」という統一テーマで講演会をもつきっかけになったわけです。

古来からの人間の生き方の二種

それでは、人間は生まれてから四百～五百万年、――先ほど村上先生が言われたように、生物は十億年、二十億年の歴史をもっておりますけれども、人間としてはせいぜい四百万年とか五百万年ぐらいの歴史ですけれども、大昔から人間は、こういうふうに物質的なものばかり求めて生きてきたのでしょうか。

いろいろな文献や考古学的ないろいろな遺跡の分析からもわかることは、人間というのは昔からずっと二つの生き方をしていたように思われます。

一つは、四百万年、五百万年前の原人というのは、道具を持つようになったかもしれないけれども、サルとはあまり変わらない生活だったようですね。住居にしても、十分に雨露が凌げるようなものではない。生の物を食べて疫痢になったりして、抗生物質などがない時代ですから、古い原人の種類は殆ど絶滅したようですね。住居を整え、食物を十分に獲得し、毛皮の衣服類を着けかけたのがせいぜいネアンデルタール人の頃でしょうから、十万年とか二十万年ぐらい前だと思われます。それ以来ずっと、人間は物質的に改善された生活、より豊かな生活を求めて工夫してきた。それが人間本来の生き方の一つであったように思います。

もう一つは、人間というのは、今わかっている限りでは、十万年か二十万年ぐらい前のネアンデルタール人の頃から、先祖の霊に会う、あるいは死者の霊に会う、あるいはより高い神様に会って、そういう神霊や神様とのつながりにおいて、人間はどうあるべきかという教え、それからまた、そういう神霊によって守られているということを身をもって体験し、そういう体験を元にして、社会がどうあるべきかというルールを作り、そのルールに従って、よりよい社会生活ができるように、調和を保った平和な社会組織ができるように動いてきた。その根底には、「自分」というものだけを主張するのではなくて、人のために、社会のために尽くすという、社会性というものを精神的にもっていた。自分のことだけをするのではなくて、人のためにも働き、他の人と共存ができるような精神的な成長、それを霊的成長と呼んでもいいと思うのですが、そういう成長をしてきた。

そういうふうな二つの生活の仕方を人間は太古からしていたように思うのです。

物的豊かさ追求への偏向

ところが、一七六〇年頃の産業革命以来、いろいろな物質、食べる物にしても、衣服にしても、家の材料にしても、また通信とか交通の手段にしても、いろいろなものが多量に、大量に出来るようになって、一般の民衆にもそれが及ぶようになった。そして、もっぱらそういう物質的なものを追い求める傾向が、この二百〜二百五十年ぐらいの間に次第により高まってきて、現在は特に科学技術の発達によって、さらにさらに倍加されてきたように思うのです。それが現在の状態だと思うのですが、これは、人間本来のもっている心の成長とか、あるいは霊的な成長、あるいは、人のために尽くす、社会のために尽くすという、人間本来の生き方のもう一つの面を忘れて、物の生活の豊かさだけを追いかけている状態であって、こういう生き方では、人類がいつまでも平和に共存できることは難しいように思うのです。

今の資本主義、個人主義社会では、個人も企業も国家も、自己を主張し、あるいは自分の権利を主張して、他を滅ぼしても自分の財産、自分の資本をつくろうとする、心や良心を忘れ、社会性を失った弱肉強食というふうな世相がみられるわけで、その中では、悪人が栄えて善人が苦しむというふうな問題も実際には起きているように思うのです。

やはりここで大事なことは、「良心を甦らせる」ということが、これからの人類の存亡に関わる大事な問題ではないかと思うのです。

良心とは何か

それでは、良心とはどういうものかということですが、良心とは、悪を斥け、善を行ない、社会をよりよくするように自分の意識に命じる、人間存在の内奥の心であって、それが、具体的には、個々の民族とか時代とか文化において、それのもつ道徳その他として、個人の中でも社会の中でも働く。個人的な働きとしては、たとえば公園で迷子になって泣いている子供がいたら、その子を交番に連れていって親を探してもらうというふうな働きをする。企業であれば、先ほどの八城先生のお話しのように「テレビで話しても恥じることがなく」、「利益を社会に還元する」というような企業倫理を行なわせる。

このように、個々の人間あるいは社会の中で、人びとの心に「善を行なえ！　悪を行なうな！」と呼びかけている良心というものは、まさに、人間を人間として成り立たせている魂そのものの要請、魂の先験的普遍的な原理であって、これが、多様な個々の個人、社会において適切に意識に呼びかけ、意思決定させ、行為させるのだと思います。ですから、良心においてこそ、人間の個人性と社会性が両立すると言えると思います。

良心のありかはどこか

では、良心の根源はいったいどこにあるのか、身体の中にあるのか、あるいは感覚の中にあるのか、そういうことを少しお話ししてみたいと思います。

アイオワ大学の精神認知科学の教授にダマシオという方がいまして、最近そのグループの人たちが、人間の社会行動というのは脳のどういうところに局在しているのだろうか、脳のどこと関係があるのだろうかということをいろいろ調べて、前部前頭葉の外側腹内側核の中に損傷が起きると、たとえば迷子になって困っているような子供を交番に連れていって親を探してあげようという時に、それをしていいだろうか悪いだろうかという選択に非常に時間がかかるようになって、正しい選択ができなくなる。すなわち前部前頭葉の外側腹内側核の中に、人間の社会的行動を決定させるような一つの部分がある、ということを明らかにしたわけです。

それでは脳の中に良心があるのだろうかということですけれども、それは脳の中にあるのではない、と思うのです。その根拠は、一つには、脳生理学とか脳神経生理学でわかることは、つまり物理化学的な現象しかわからないわけです。今、脳死の問題がありますが、脳幹から視床下部、大脳皮質の方に信号が伝わるときに、いわゆる神経伝達物質、セラトニンとかドーパミンとかアセチルコリンとか、何十種類かの神経伝達物質が出て、それらの分泌の具合によって意識ができたりできなかったりするというふうに考える場合でも、調べられるのは、そういう神経の分布と、それから分泌されるホルモンとかそういうものがわかるだけなのです。あるいは、たとえば脳に損傷が起きている所では血管の血流量は変わるわけですが、そういう血流量の変化とか、神経の伝達物質が多いとか少ないとか、あるいはアルファー波が出るとかベーター波が出るとかいった電気的な信号がわかるだけで、「心」そのもの、つまり意志決定をする心の内容そのもの、あるいは働きそのものはわからないわけです。わかるのは、物理化学的な現象しかわからない。

もう一つの理由は、ダマシオの研究のような神経生理学的な考えでわかることは、或る脳の部分と、或る精神的な働き、良心の働き、善意の思考というふうなこととの間に繋がりがある、つまり相関関係があるということはわかるわけですが、それではその相関関係のメカニズムはどうかということは、依然としてわからないのです。先ほど村上先生は、「DNAという、非常に微細な、お米一粒の六十億分の一という微細な遺伝子によって私たちの身体の設計が決められるが、そのDNA、それはどうして出来たかわからない。生命そのものはわれわれには作ることができない、われわれはそれを借りるだけである。生命を生み出しているものはサムシング・グレートだ」というふうに言われたわけですが、実際に、脳と或る意識作用との相関関係はわかるけれども、脳そのものがそういう意識を生み出せるものなのか、脳の働きそのものがイコール意識の働きかどうかということはさっぱりわからないわけです。

ところが、私どもが行なっている超常現象の科学的研究によると、心は、時空に制約されないで認知をしたり物理現象を起こせることが証明されています。たとえば、遠くにいる人のことが感覚を使わないでもわかる、それが超心理学で言う超感覚的な認知能力ですが、あるいはまた、或る人が出血多量で死にかけている時に、遠く離れた所から、精神集中することで或る精神的なエネルギーをその死にかけている人に送って、出血をしている所を超感覚的に明らかにみて、その出血を止めた。すると、出血が激しくて命が助からないと思われていた人が助かった。医者たちはそれを「奇蹟」と呼ぶわけですが、そこには、物理的な次元、生理学的な次元でみれば、出血が止まる過程の一つのメカニズムがあることはあるのです。しかしその過程を起こした何か、これはわからない。けれども、その起こした何かというのは、われわれが普通考えているような時間や空間というものに制約されないで働いている。そしてその働きは、エネルギーを送る方と送られる方との心が通いあっているときに有効な効果が起きる。受ける方がそれを疑っているような場合は、たった一メートルぐらいの距離の所にいても力は繫がらない。受ける側が心を開いた場合は、アメリカにおるとかあるいは月におるとかであっても、距離には関係なく、一瞬にして繫がるのです。

ということは、心というのは、物理的な次元での時間や空間に制約されないで働きうるものだということです。ところが、脳というのは、たとえば今光が目の中に入ってきて、網膜の中の視細胞を刺戟すると、ここで光のエネルギーは電気エネルギーにかえられ、それがさらに電気的な信号として、それぞれ形や色、空間の位置、動きなどに振り分けられて受容され、数次の過程を経て、次々に段階的にまた並列的に脳の視覚野に伝えられていき、さらにそれらが段階的に纏められて、最後に上側頭溝というところで全体が纏められる。その間にどうしても〇・一秒とか〇・二秒という時間が経過をして視覚ができるわけですから、脳の働きというのは、物理化学的な次元での時間や空間に支配されるものなのです。

ところが、心そのものの働きはそういう時間や空間には支配されないで、心の状態がどうであるかによって時間・空間が無限大になったり無限小になったりする。そういう世界で動いているのが実際の心だとしますと、ここで、脳の前部前頭葉の外側腹内側核に良心とか社会的な行動と関係のある所があると言われても、それイコール良心であるというふうには言えないと思うのです。

では皆さんは今、私の声とか身ぶり、手ぶりを目にしたり耳にしたりしながら、換言すると、皆さんの感覚器官を通して私の話しを聞いていて下さるわけですが、そういう感覚に良心が備わっているかというと、皆さんが聞かれている声や見ておられる身ぶりなどは、「私」という人間が話しているというその知覚を形成する素材にはなるけれども、感覚や知覚そのものが、これはいい、これは悪いと判断をする良心とは言えないわけです。

それでは感情の次元に良心は備わっているのかというと、感情は、或る対象を感覚を通して知覚をした時に、たとえば蛇を見た時は「怖い！」と恐れおののく感じができる。その「怖い」というのは、自分を害するであろう蛇に対してもつ自己防御の感情ですね。それからまた、幼稚園の子供が帰りに親を見て「嬉しい！」と感じて、とんでいってお母さんに抱かれる、そういう時の感情というのは、自分を助けてくれる人に対して、有り難い、あるいは喜び、快、そういうふうな感情ですから、やはりこれは非常に自己中心的なものであって、その感情の中に、相手を助けるとか、悪いことをしないというふうな善意、あるいは良心が宿っているようには思えないですね。

その次に、科学者が科学的な研究をしたり説明したりする科学的理性、それはカントが言う「純粋理性」のようなものと思えばいいのですが、そういう科学的な理性の中に果たして良心があるかと言いますと、今の科学は、或る現象が生じたら、その現象が生じる因果関係を、或る現象と或る現象の中に見出すことに精一杯で、それを見ている科学者自身の心というのは全く問題にしないで退けてしまっている。ですから、そういう科学的な理性の中に、これはいいことだからしよう、これは悪いことだからしない、というふうな心の問題、良心の問題は考えられないと思うのです。ただ、科学を専門にされて、科学そのものがもっている限界というものを感じていらっしゃる優れた学者の中には、「物」はエントロピーその他によって自己凝縮し壊れるはずのものなのに、不思議な一定の伝達系を作り、秩序を保っているのは、「物」そのものの中に、そういうものを起こす「何か偉大なもの」があるに違いないというふうに、さっき村上先生が話されましたように、感じている方も多いようです。昔私がデューク大学からプリンストン大学を訪ねた折、アインシュタインの研究所に案内して貰いましたが、その時に、電気医療機器の学会の会長をしている、お名前は忘れましたが、その方が案内して下さったのですが、アインシュタインも超心理学については非常に興味をもっていて、私の先生であったライン先生その他とは常に連絡があったと聞きました。

良心の涌き出る根源

次に、私たちは、人と人との間、殊に親子の間とか兄弟、夫婦の間で共感をもつことができますね。その共感というのは、自己中心的な快・不快を基盤とする自分の感情をこえて、相手が感じているその相手の立場に立ってはじめて、相手の苦しみとか喜びとか考えていることとか、いろいろな内容を感じ、共感することができる。つまり相手の立場に立ってはじめて、本当にその人の心と共に悲しんだり喜んだりできる。ということは、「自分」というものを捨てて相手の立場に立たないと共感というものはもてないわけです。

「相手の立場に立つ」ということは、自分というものを或る程度否定して、相手の立場に立つということ、相手になるということですから、相手に対して在る自分を超えて、「相手」とか「自分」とかを包むような大きな立場に立ったときに、共感をもつことができるわけです。そういう立場に立ったときに、相手にどうしてあげたら本当に相手を助けることができるかがわかる。遠藤先生が言われたように、医療でも、医者が本当に患者の立場に立って、患者の気持ちを理解して、医学という小さな枠の中でものを考えないで、人間としての相手と自分、身体も心も魂ももっている全体としての相手と自分との間に共感ができた時に、「どう処置すべきか」という正しい判断ができると思うのです。そこから相手の状況についての正しい判断と、それに基づく、相手を真に助けるためにはどうしたらよいかという智恵と愛と行動力というものが、自然に生まれてくると思うのです。

ですから、共感というのは、自分だけの利益の主張、つまり個人とか企業とか国家という、「自分を主張するだけ」という物の原理を超えて、自分も人も自然をもくるめて自分の中に包摂できるような立場に立ったときに、はじめて共感がもてる。それが共感でなく、ただ自分の感情を基盤とした好意であるときには、自分が相手にとっていいだろうと思って行なうことであっても、それが相手にとっては有り難迷惑のときもあるし、相手を本当に助けることができないこともあります。しかし今言ったような、人をも自然をも、あるいは相手をも自分をも包めるような状態、存在論的に言えば場所的な立場に立ったときにはじめて、自分の意志決定、自分が「こうだ」と思うことが、相手にとっても善であり、相手を真に生かすことになる何かが自ずから涌いてくる。つまり本当に相手を正しく生かすことができ、人も自然も、自分も他人も社会も共存できる智恵と愛、創造力というものが、自ずから出てくると思うのです。

そういう状態になりますと、実は、感覚を使わなくても、あるいは物理的な道具を使わなくても、他の人の病気を或る程度治したり、あるいは、その人の悩んだり苦しんだりしている心の状態を癒すことが直接できるようになる。それは私の長い間の体験でそう思うのですけれども、そういう心、つまり人と共感がもてるその立場に立った心、つまり場所的な心、その中に、良心というものが涌き出てくる根源があるように思います。

この「場所的な心」というのは、たとえば今の量子力学で「場所の量子力学」というのがありますが、たとえば素粒子が波になったり、粒になったりするという考え方から場所的な理論が導き出されている。湯川先生が中間子理論というものを考えられた基にも、西田哲学で言う場所的な理論というものが一つの支えになっているかもしれないと思うのですが、そういう場所的な心というものになったときにはじめて、歴史的な、あるいは民族的な違いをこえて、全ての人びとと共感をもち、助け合い、共生していけるようになると思うのです。

場所的な心 ―― 良心 ―― が地球社会を創る

キリスト教文化の中の道徳と、仏教文化あるいはアジア的な農耕民族がもっていた道徳との間には、非常に違いがありますね。先ほど八城先生が言われていたように、日本では性善説が根底にあり社会が動いている。皆が一人ひとり一生懸命にやって、それで失敗をしたのだから誰を特に責めることもないというふうなルーズな考え方の根底には、全てのもの、自然も人間も神様も、本来は一つのものだというふうな考え方があるように思われます。それに対してキリスト教圏の西欧では、神様があって、全知全能の力、智恵と愛によって人間をつくり出した。だから人間は神の教えに従うこと、神について行くことが善であり、それに従わない時に悪であるというふうに、キリスト教的あるいはセム族宗教の文化の中での善悪の考え方と、仏教的な善悪の考え方とでは非常に違いがある。それは砂漠の中で生きていくためには、非常に厳しい指導者がいて、神様の命に従って集団として動き、盗みをしない、人殺しをしない、嘘をつかない、姦淫をしないというふうなことを守らない限りは社会が成り立たないから、そういう自然環境のもとでは、キリスト教的な、あるいはイスラム的な考え方が、人間の生活、社会を成り立たせるために実際に必要な道徳だったわけです。

ところが、森林の、あるいは農耕地帯のわれわれの恵まれた自然の中では、自然についていき、自然の背後に隠れている大生命に従っていけば、自然も人間も全てが成り立っていくのだ、再生をし成り立っていくという考え方がある。そして自然の大生命あるいは絶対というものが顕われたものの背後にあって、それがいろいろな形で顕れたものが個々の人間あるいは自然であるから、自然と人間との間、他人と自分との間には本質的には同じつながりがあるのだと考える。それは恵まれた自然環境の下で出来た道徳ですね。

ところが、これから地球社会というものが出来ていく時に、それぞれ異なった文化、生き方、それに基づいた道徳をお互いに主張しあう限り、決して地球社会というものは実現できないと思うのです。それを実現させるためには、先ほど申し上げましたように、人間の最奥にあって人間を人間たらしめているもの、普遍的に、そして先験的に人間に備わっている善への意思、全ての人間を生かし支える智慧と愛と創造力、つまり自然も人間も、他人も自分も、国家も民族もみなその中に包摂できるような「場所的な心」に全ての人が目覚めた時に（そういうものが本来の人間の心だと思うのですが）、はじめて実現できると思うのです。「場所的な心」に目覚め、そこから出てくる声に従う。その時に、各民族、各文化の違いを互いに認めながら、それぞれの立場で生活ができ、互いを生かすことができる善あるいは良心というものが、必ず明らかに現れてくると思うのです。その時には、キリスト教文化あるいは道徳と、東洋文化あるいは道徳との違いというものを超えて、お互いを認めあいながらも、それらを超えた善といいますか、あるいは良心というものが明らかになると思うのです。そういう良心が目覚めない限りは、地球社会の実現は難しいと思います。

二つの生き方の調和の上に

このためには、現在の、物的な豊かさを追い求める、個人主義的な資本主義ではなくて、物をも精神をも魂をも共に生かしていけるような文化、あるいは道徳、あるいは宗教が必要だと思うのです。これからの人類が平和に存続していくためには、「自分」というものをいつまでも主張する個人、あるいは自分の利益を追求する企業、あるいは国家ではなくて、そのそれぞれが、自分の考えたこと、自分の決定したことが全ての人に通じるような智恵と愛とに基づいた善であるような場所的な心、そういうところに皆が成長することが必要だと思います。

現在の、非常に発達した科学も、あくまでも物に関する研究、科学であって、脳神経生理学にしても、あるいは精神医学にしても、人間というものを主として身体の面だけでみている。物の原理ないしは物の現象の因果関係を究明していく科学は、意識的にせよ無意識的にせよ、人間が物の豊かな生活を追いかける、そして自分の利益、自分の財産、豊かな物質生活を求める方向に、人間をいつの間にやら引っ張っていくものだと思うのです。

ここで、人間はもう一度、太古から二つの生き方をしていた――その一つは物質的豊かな生活を追い求めていた。もう一つは、精神的なもの、霊的なもの、あるいは神、そういうものとの繋がりにおいて社会を成り立たせるような、人々あるいは自然を助けていくような社会性というものをもっていた。その両面が両立した生き方に立ち返らないといけないと思うのです。その両面がないと、人間というのは本来生きていけないと思うのです。なぜならば、人間というのは身体だけで出来ているものではなくて、心ももち、魂ももっている、その全体が人間ですから、その全体を満足させられるような社会構造、あるいは制度、あるいは経済組織にならないと、これからの人間社会はやっていけないだろう。それがこれからの、単に二十一世紀という僅か百年ぐらいの間のことではなくて、千年、二千年かけての人間の課題である。人間がそういうふうに精神的に成長をして場所的な心に全ての人がなれたら、必ず、平和で豊かな地球社会が実現すると思います。

しかし、これらが近い将来すぐ実現できるとは決して思えないように思います。今、人口は五十億か六十億ですけれども、たとえばそれが将来二百億になり、食べる物が足りなくなった、エネルギーも足りなくなったとなれば、どうしても皆に平等にそれらを分けるような規制が起きない限りは、人類は生きていけない。つまり、今の地球の食物とかエネルギーが、たとえば八十億の人間しか養えないとすれば、人口が百億になった場合は、二十億の人というのは死ななければどうにもならないわけですね。その二十億が死なないように、その全体をコントロールできるような智恵が、今の資本主義あるいは共産主義にはないと思うのです。資本主義、あるいは資本主義に基づいた民主主義というのは、個人主義的なものが基盤になっている。それに対して共産主義も、人間を物の面からのみ捉えるから壊れてしまった。ですから、共産的なものと資本主義的なものの両方が両立できるような経済組織や社会組織、政治組織というものが出来ないと、今のままの資本主義で突っ走っていっても必ずいつか行き詰まりができると思います。

良心を目覚ます方法（1）——瞑想

それでは、そういうふうな場所的な個、あるいは場所的な心に目覚めていくのにはどうしたらいいか。

場所的な心の世界というのは、歴史的あるいは民族的な相対的な善悪を超えた、普遍的な善を実現しうる場所だと思うのです。個々の民族とか、個人の善とか悪とか、それは時代によって変化する。昔は善だと思われていた行為が、今はそんなことをしたら悪になるというふうなことは案外多い。時代と場所と文化によって非常に善悪の概念も違うわけですが、そういう、民族とか国家とか、あるいは個々の人間のもつ相対的な善悪を超えた普遍的な善というのは、われわれ人間の、脳と一緒に働いている心、時間・空間の中で動いている心を超えた魂の世界での善であり、経験によってそこから作り出されてくるような善でなくて、先験的普遍的なものであると思うのです。そういうものに従うこと、あるいはそういうものに目覚めることが、これからの良心の復活にとっては一番大事だと思います。

そういう良心を目覚めさせる方法として、まず私が考えるのは、非常に単純ですが、瞑想です。私たちの心はいつもコロコロと転がっている。物質的な豊かな生活を求めて、いい学校を出て、大きな会社に入って、あるいは条件のいい職を求めるというふうに、常に心が外の世界に向いて対応しながらコロコロ転がっている。そういう、ローリングストーンとでもいいますか、転がって止まないような、そういう心を内に向けて、内なる心に問いかける。つまり今コロコロ転がっている心の働きを止めて、じっと自分の心の中を見つめる。そうすると、自分の心の奥にあるいわゆる普遍的な善、良心の世界がいつのまにか目が覚めてくると思うのです。

これは口で言えば一分ぐらいで言えますが、実際にはなかなか難しいのです。というのは、人間というのは身体をもっていて、自分が食べた物は他人の身体の栄養にはならない。ところが、場所的な心にだんだんに目覚めてくると、先ほど話しましたように、他人の心、あるいは自然の心が自ずと、ありのままに自分の心に写ってくるようになる。あるいは他人や自然の心の中に入り込めるようになる。つまり自分を超えて他のものを包み込めるような大きな何かに、瞑想を通して自己否定を繰り返していくうちに、必ず人間は到達できる。そういうのが人間の本質の中に備わっているように思うのです。

良心を目覚ます方法（2）――超作

もう一つは、超作ということをいつも私は言うのですが、超作とは、日常の仕事をするときに、たとえばテレビを見ながら計算をするとか、何かをしながら何かをするということではなくて、一つの事柄に夢中になって仕事なり行為ができるように自分の心や身体を訓練する。そして夢中になって行為をするそのときに、まず、自分の仕事なり行為が人のために、あるいは社会の役に立つように念じて、あとは夢中になってそれを一生懸命にすることを言います。

我を忘れて夢中で仕事をし、仕事と自分とが一つになれたときは、その仕事をするという行為を通して、対象と対立していた小さな自分がなくなるわけですから、仕事に夢中になれる人というのは、必ず、小さな自分を破れる人だと思うのです。研究をするときにも、研究そのものに寝食を忘れて打ち込める。そして、先ほどＤＮＡの研究についてのお話しにあったように、この研究が高血圧の人を救えるのだというふうな、「人を救える」ということを念頭において信じながらその研究に没頭できる、そういうのが超作だと思うのです。そういう超作を通して一生懸命に研究に夢中になれば、自然にそういう普遍的な、いっさいのものを包んで生かしているようなところとつながりができる。そういうものを感得できるように思うのです。

ですから、瞑想ができない人は、一生懸命に、自分のしている仕事が少しでも社会の役に立つということを念じて、仕事をする。いつも申しますが、そういう点では、京セラの稲盛名誉会長は非常に優れていらっしゃるように思うのです。第二電電を作られたときに、「この仕事は本当に社会のために役に立つだろうか」ということを長い間夢中になって考え反省し、「こうしたら必ず人の役に立つことができる」と決心をすると、それでは、それをどうしたら実現できるかということを夢中になって考えて実行に移されたと伺いました。これも一つの超作だと思うのです。

そういう意味で、普遍的な善をする良心に目が覚めるのには、瞑想あるいは超作、あるいはその両方を実践することが非常に大事だと思います。

おわりに ――「場所的個」への成長進化を望む

結びとしまして以下のことを申し上げたいと考えます。

二十一世紀という短い時間ではなく、これから何千年もかけて人類は、上述の、場所的個としての魂、悟りの世界に精神的に成長進化することが最も大切です。

科学は、意図しようとしまいと、今の物質的世界のメカニズムを究明し、人間を豊かな物質的世界に引き留めようとする働きが強く、人間を物の原理 ―― 自己保存と破壊 ―― に従わせることを知らず知らずに行なってきました。物の原理とはそういうものだからです。

これからの人類は、自然や地球や宇宙を、道具としてでなく、同胞として尊敬し共生する魂の世界に進化発展することが大切です。そうすることによって私たちは人類の滅亡を防ぐことができる。また、たとえ地球が人類の住めない環境――、たとえば金星とか水星のような所では人間は住めませんが、そういうふうに、地球が人類の住めない環境に変わって住めなくなり、生物としての人類が滅亡しても、先ほど申しましたように、魂というのは物理的時間、空間に制約されないで存続できるものでありますから、永遠の魂の世界で調和と智恵と愛をもって永遠の楽園を築けるであろう、さらに、魂を超えた「絶対」に還れるであろう、というふうに私は願い、また、信じているのです。

私どもは生まれてくる時には裸で出てきました。死ぬ時も、財産が何十億、何百億あっても置いていかないといけないし、子供も自分の連れ合いも皆置いて、一人で裸で逝くわけです。ですからあまり物事にこだわらないように。こだわらない広い心をもっていると、物というのは自然に集まってくるものだと思うのです。こせこせして、お金が欲しいと思ってお金を摑むことだけに夢中な人というのは、案外お金が摑めない。研究する時にも、「どうしてもこれは！」と思って、成功することだけに執着してしまうと、研究はできないですね。「成功するかもしれない、成功しないかもしれない」というところで、しかし人の役に立つと思って、夢中になって研究をすることが大事だと思うのです。仕事にとらわれると、今度はまるきり井戸の中の蛙のようになってしまって、そこから出られなくなる。それでは物は出来ないと思うのです。

超作というのは、夢中になりながら、なおかつ、そういうものを全く超えたところでおるときにはじめて、「これは間違っている、この方向でいかないといけない」ということがわかるように思います。八城先生が、社外の監査役がないとものは本当に正しい成長ができないと話されましたが、超作することによって、一生懸命に行為している自分を超えて外から大きく見られるようになると、自分の中に社長もいるし、社外監査役もいるようになる。そういうふうに、ぜひ成長していただきたいと思います。

それではこれで終わります。

（了）

公開討論

21世紀における良心の諸問題

良心の復権

作家　遠藤周作氏　夫人　**遠藤　順子**

筑波大学名誉教授、国際医療福祉大学教授
医学博士　**小田　晋**

筑波大学名誉教授
農学博士　**村上　和雄**

IARP会長、CIHS学長
文学博士　**本山　博**

RHJインダストリアル・パートナーズ会長
ニュー・LTCB・パートナーズ代表　**八城　政基**

（司会）本山　一博

おだ・すすむ
一九三三年大阪市生まれ。筑波大学名誉教授、国際医療福祉大学教授、本山人間科学大学院日本センター教授。社会精神医学、犯罪精神医学専攻。医学博士。東京医科歯科大学大学院卒業後、東京医科歯科大学助教授、獨協医科大学助教授、筑波大学教授ならびに社会医学系長を歴任の後現職。犯罪精神医学・精神鑑定の専門家として、一九九三年日本犯罪学会賞を受賞。主な著書に『魔がさす瞬間』『悪の心理学』他多数。

もとやま・かずひろ
ＣＩＨＳ理事、玉光神社権宮司。

［公開討論］

21世紀における良心の諸問題

遠藤順子　本山博
小田晋　八城政基
村上和雄　本山一博（司会）

司会　それではこれから公開討論会を始めさせていただきます。よろしくお願いいたします。

講演された順に少しご紹介をさせていただきます。

まず村上先生に最初に講演していただきました。村上先生は遺伝子工学の現場において、命というもの、生きているということの素晴らしさを実感され、その背後にあるサムシング・グレートを感じとられました。そして、サムシング・グレートに感謝して生きる、そのことが良心のバックボーンになるべきだとお話しになりました。サムシング・グレートを感じとり、それに感謝をすることによって、人間の良心は単なる人間の良心以上のものになるというふうにお話し下さったかと思います。

次に遠藤先生に「心あたたかな病院運動」ということでお話ししていただきました。病気で亡くなる方の九五パーセントの方が病院で亡くなるが、これからは病気で死ぬ方が自宅で亡くなることができるようにしてほしい、そして、人間は五十歳になったら死ぬための準備、死ぬまでの自分の死というものを見つめて日々を積み重ねてほしい、というようなことをお話しして下さいました。医者はそのような患者の願いを理解して、クオリティ・オブ・ライフは一人ひとり違うのだということを理解してほしい。また、老人は最後の死に方を子供たちに見せて、命の継続性、そして死が終わりではないということを理解させてほしいというようなことをお話ししていただき、自宅で死ねる体制を、医療行政あるいは病院の体制に求めていきたいというお話しをして下さいました。

次に八城先生にお話しをしていただきました。八城先生は一九七〇年代のアメリカの企業の不祥事から話しを起こされて、それを機に、米国の企業において、取締役の殆どが社外取締役になるようなケースも出はじめ、社外取締役制度が定着していった、というお話しをされました。そして、社外取締役あるいは取締役会の役目は、最高経営責任者（CEO）をチェックすることが重要な仕事の一つであるというようなことのお話しをされて、企業の中における監査、チェックということの大切さをお話しして下さいました。そして監査、チェックの役割は、企業の外にある社会の倫理観を企業の中に持ち込むこと。そのための方法として、徹底的な情報開示、あるいは、よりチェック機能を厳しくするということをお話しして下さいました。そのために経営責任者はどうすればよいか、それはテレビで堂々と言えるようなこと、テレビで言って恥ずかしくないようなことをすべきであるというようなお話しを、良心の話しと結びつけてお話しして下さいました。

本山会長は、良心が魂の内奥にあるものだとしてお話しされ、その魂の内奥にある良心が非常に普遍的なものである、人間の経験を超えて普遍的なものである、それに従って生きることが良心的な生き方だというようにお話しして下さいました。そして、その魂の声を聞くための方法として、瞑想と超作という二つの方法を示されました。
本日はこれらの講演者四人の先生方に加えて、筑波大学名誉教授の小田晋先生においでいただきました。小田晋先生はこれからの討論に当たって、まず最初のお話しをして下さるということで、よろしくお願いいいたします。

小田　有り難うございます。今日は、自然科学の立場からの良心論、社会科学の立場からの良心論、宗教の立場からの良心論、それから文学と人間の立場からの良心論、それぞれ伺わせていただきました。いずれも素晴らしいお話しでございます。

私は医者で精神科でございますので、文系だか理系だかわからないのでありますが、そのインターフェイスになるような、それをつなぎ合わせるようなお話しをしてみたいと思います。

近代の人間観、モラルの特徴は、要するに人間にとっては個の確立が大事である、個人が最も大事であるというふうに、個人、個人、個人……と言い続けてきたわけです。第二次大戦後、日本の思想の特徴は滅公奉私の思想だと言われているのですが、しかし個人の価値が絶対であるとするのは、古今共通の原理というより、近代の人間観です。個人は自分の生存と縄張り拡張のために努力する、それが人間だという考え方で、その中で生存競争が起きる。その中で弱い者は淘汰される。それが自然の理法にも適っているというので、それを経済生活や政治生活の面にも及ぼそうとするのが社会ダーウィニズムというもので、スペンサーという人以来の考え方なのです。

ところが近代思想の一派にはこれに対するアンチテーゼ（反措定）、逆の考え方がありまして、一切の競争を否定しようとする考え方があります。人間は人間の計らいでどんな社会でもつくることができる、競争のない平等な社会をつくろうという意味の平等主義は、共産主義的ユートピアであります。この場合は、個人対個人の競争というのは実際否定しえないのですけれども、個人と個人の、人間同士の戦いということを、階級と階級との戦いというふうに還元してしまった。そして階級闘争という溝を作ってしまったわけです。これはマルクス主義の考え方で、これはいずれも、この世というのは戦いだ、食うか食われるかだという人間観で、その点は同じです。ただマルクス主義の方は、その後の世界史の動向の中でその影響力を失うのでありますが。競争原理というのはグローバル・スタンダードだから、――このグローバル・スタンダードという英語の用法はないそうなのでありますが、とにかくそうだから、そこで落伍した人間はホームレスになってもしようがないという考え方が、一時日本を風靡していました。これはさすがに「競争」の本場で、市場原理、自由競争といってきた米国でも、最近そういう考え方があまりにもひどいというので、セイフティネットが付いた自由主義とか、あるいは競争原理を主張する共和党の立場からも、compassionate conservatism（情け深い保守主義）と言われ出しています。これはブッシュという人が言い始めた言葉です。

実は生物学の方でも、ダーウィンの影響を受けて社会ダーウィニズムが出てきたわけですけれども、しかし、人間や生物はそれほど利己主義的なものだろうかという疑問はあるわけです。それは、最近、「社会生物学」という学問がありまして、確かに生物は自分の生存のために戦うから利己主義的なものだけれども、しかしながら実は、個体としての生物が生き残るための利己主義だけではないのだというのです。

つまりわれわれは、自分の細胞の核の中にＤＮＡ——細胞の話しがさっき出てきましたが、実際に試験管の中で研究をなさっている方の前でこれを言うのは気後れするのですけれども、しようがない——、デオキシリボ核酸という遺伝子の担い手がありまして、その伝える遺伝情報によってわれわれは支配されて生きているというのです。ただ、遺伝情報になっているＤＮＡというのは、決して個体の生存だけを意図しているわけではないのです。種の生存、さらに広い意味では地球上の生物は全てＤＮＡ型の生物ですから、多分、それはもともと同じＤＮＡ、同一の起源から出てきたものでありまして、それを残そう、特に自分に近いＤＮＡのコピーを残そうとするのが生物の目的論で、われわれ人間の個体は結局ＤＮＡの傀儡にすぎない、というのが社会生物学の考え方なのです。

ですから動物の中には、いわゆるハードコアの利他主義、利他主義というのは「他者の役に立つ」という意味ですけれども、ＤＮＡによって支配された利他主義というのがあるのです。

たとえばカモの群れにハンターが近づいたとします。リーダーのカモはやかましく鳴きたてるのでありますが、そんなことをすると、他の鳥は飛び立って逃げられますけれども、本人は撃たれちゃうわけですね。それでも、そんな鳥がいるわけです。さらにサルの群れにはボスザルというのがいて、普段はとても横暴なものなのですが、群れに鉄砲を持って近づくと、ボスザルが胸を叩いて威嚇するような動作をする。サルの中でも、ニホンザルのような弱いサルだったらキーキー鳴いて他のサルに逃げろ！と言うわけだし、ゴリラだったら出てきてドラミングをするわけです。それで他の個体は逃げてしまうが、当の個体は撃たれてしまう可能性が高いけれども、やはりそういうことをするわけです。

というのはやはり、遺伝子が自分たちの仲間を生存させようとする動機を持っていて、群れの中には一匹ぐらいそういう個体ができるように出来ているわけです。これをハードコアの利他主義というのです。

たとえば、第二次大戦中の日本に特攻隊というのがありました。ここ（九段会館）は靖国神社の隣なのですけれども(笑)、神風特攻隊の第一号になった関行男大尉という方がいらっしゃる。クラークフィールド基地からアメリカの空母に突っ込んで行った人なのですが、この人は特攻を志願させられたときに、「こんな作戦があるのか！」とよほど腹が立ったのですけれども、しかし、「自分は別に悠久の大義のために死ぬのではない（悠久の大義というのは太平洋戦争の戦争目的の用語ですが）、自分の結婚したばかりのフラウ（女房）が国にいて、彼女を守るために戦争に行くのだ」として出かけたのです。そういうのをハードコアの利他主義といって、人間には自分を犠牲にしてでも自分の肉親を守ろうとする本能があるのです。それがさらに地域、国家、地球と拡大されるわけです。

人間は観念をもち、文化というものをもっていますから、その文化が伝えられるのです。人間のもっている文化の特徴の一つに、倫理というものがあります。もう一つは、先ほど皆さんが仰しゃったように、畏敬すべきものをもっているということ、これが人類の文化の特徴なのです。

畏敬の心とか共感とか倫理、これはやはり人間独特のものかもしれません。しかし共感の原基はＤＮＡの中にあると思います。それは同じ人間、同じ仲間、同じ家族、同じ国民というのはそれだけ近いDNAを共有しているわけですからね。地球上の全ての生き物は皆DNAを共有しているのです。DNA型の生物というのは、考えてみれば、あんなものが偶然にあっちこっちに出来る蓋然性は多分少ないからです。

それから、遺伝子はジーン(gene)といって、それに対して人間の場合は文化が伝えられる、それだって普通は、後天形質あるいは獲得形質は遺伝しないというのですけれども、やはり伝えられるものがある。社会生物学者はこれをミーム(mime)という言葉を使っているのです。ミームというのは「真似をする」という意味ですが、学ぶということは「まねぶ」ことで、つまり世代を通じて人間は文化を伝えるのです。そして世代を通じて文化が伝えられるときは、伝えられたものは伝えるものに対して尊重する気持ちがないと、伝わらない。そういう意味で畏敬の念というのは生物学的にみても必要なものなのです。

ところが現代では文化が良心を伝えなくなったかのようにみえます。かつ、人類の中の自然の影がうすくなり、生物の種としての機能さえ失いつつあります。それはどういうことかと言いますと、やはり「個体としての個人の勝利だけが、生物の個体の目的である」という、生物学からみてもちょっと古い生物学に立脚しているのです。

それから、生態学の立場からみても、生物同士は、お互い競争相手になる種を滅ぼしてしまうまでのことは決してしない。生物でも動物でも棲み分けているという、これは今西錦司先生の棲み分け理論というのがあるのです。なのに、第二次世界大戦後の特に日本の思想は、個人が、自分の利益ならまだいいのだけれども、自分の欲望を主張する。それがむしろ唯一の社会の原理であると。これが、建て前と本音ということを誰か言い出した。戦後、「思想の科学研究会」というところがこれを言い広められたのでありまして、「建て前というのはいけない、本音が正しい、国民の本音、人々の本音を引き出せ」ということをよく言い立てたのです。これは要するに、革命を起こすために人々の欲望を膨れ上がらせて統制がとれないようにする、ということの下心で言ったことなのに、それが日本人の倫理観を皆破壊させてしまったのです。そういう意味では、丸山真男先生という方はとても偉大な方ですけれども、大きな罪を犯されたと私は思っております。

ちょっとどよめいたでしょう?（笑）私、よっぽど、暴言を吐いたのですか？

第二次世界大戦後の――特に日本の――思想は、個人が、自分の利益ならばまだいいのですけれども、自分の欲望を主張する。それがむしろ社会の唯一の原理であると。教育によって個人が自己主張を抑える、あるいは何かに個人が奉仕するというようなことを教えるのはこれは戦争への道だというような、そういう人間観が支配することになった。それが現在の日本人の不幸の元なのです。

大きいところから言うと、国家というものに対する忠誠心の問題があります。人間は自然に、特に日本人の場合は確率からいえば、DNA的に非常に近い人たちによって成立しているところの国家ですから、やはり国家や郷土、家族に対する愛着というものがあるはずなのです。それを全て否定しようとしている(日の丸・君が代に対する否定が一番いい例ですが)動向が、「平和」とか「人権」という、誰も反対できないスローガンの陰に隠れて存在するのです。

それから、教育を通じて自分の文化を伝えようとする努力も無駄であるとして、社会のもっている教育力を低下させることが、あたかも新しい「ゆとり教育」であるかのようにいわれています。それから、たとえばサルの群れを見ても、ボスザルはサルの群れの中で若い雄が雌や子ザルをいじめていると、にらみつけたり吠えたりして制止するわけですけれども、そうしないと群れとしては立っていけないからです。そういう反共同体的な行動を抑制することは個人の自由を阻害するものだ、学校の先生がクラスで立って歩く子供を制止して、場合によっては坐るように厳命することさえ、「管理教育だ、止めろ」というようなことを言うわけですね。公立大学に勤務する社会学者なんていうのが、こんなことを言って歩いたりしているのです。

良心は、われわれのもっているDNAの傾向に従ってわれわれの文化を作り上げていくことになっているのですが、文化を作り上げていく上で、場合によっては、群れのために個を否定しなければいけない。実はわれわれ人類は個体保存の原則が非常に強いので、他の動物のようには、自然だけでは機能しないのです。それは人間の本能に反している文化というものがあるのではないけれども、文化に根ざした良心の機能なしには人間社会は維持できないのです。

実は人間の場合には、他の動物がもっている、同じ種の個体の間では殺し合いはしないという、他の動物ではそういう約束事でDNAがストップしている、そういう本能が壊れてしまっているのです。だから人間は戦争したり殺し合ったり、テロリズムがあったりするるので、それを止めるのがやはり良心というもので、その元になるものは、人間の場合はやはり文化によって伝えられるのです。

教育を支える文化とは基本的に言うと、幼児期の躾、少年期の教育、それから思春期以後は法と宗教の存在が基礎になっています。でも、そういう法と宗教は邪魔だから、宗教を侮辱し、法というものを否定する。それから教育の中で子供に道徳や倫理を教えることは道徳教育、徳目教育の押しつけだと言い、家庭の中にいても家庭で躾をすること、その前の時期でも幼稚園でも自由保育などといって、幼稚園の躾でさえ否定するのが最近の動向です。

結局そうやって倫理、道徳の伝達を順に否定するのですけれども、これは実は人類を滅亡させるものなのです。「人権」は極めて重要なものですが、今日、誤解され、拡張解釈された、実は人類が滅亡するような教育が盛んに行なわれています。生物学的に、他の動物は、自分のもっているDNAの傾向に従っていけば種は滅びないようになっているのですが、人間だけが、或る意味では本能が眠り込んでしまったために、本能だけでは個体間の殺し合いや環境破壊を防げないのです。つまり、個体が目一杯自分の欲望を主張したら、人類のもっている技術の力は、環境を破壊してしまい、戦争や内乱、テロリズムを起こす。たとえばサリンを使って大量殺人ができるというような存在になっていますから、そこでは文化が本能を制御する必要があるのですが、その文化そのものさえ否定してしまう。教育や超自我の形成を通じての文化の伝達そのものさえ否定して、とにかく個人の欲望を目一杯実現させるのが善であって、それを阻害するのは一切悪であるというような動向は、一部のフェミニストによって主張され、「夫婦別姓」「ニコニコ離婚」「専業主婦廃止論」という美名の下に、「家」の意識を消滅させ、家族を解体させるうえで大きな力を発揮しています。管理教育反対論も少年法改正反対論も、いずれも「人間解放」の名に隠れた社会解体を促進するものなのです。それは「人間解放」を唱えながら、実は先ほど申し上げたような人間性の本質に反するものです。

私は自分でカウンセリングや精神鑑定などをやって感じるのは、誤用された「人権」という言葉の滑稽さは、それが弱い者いじめの口実になっていることです。たとえば子供たちが家庭内の乱暴な折檻、特に連れ子の親の無法な折檻によって殺されるケースというのは昔からあるのですね。怪我させるケースもある。それらを問題にしようとして警察に相談しても、児童相談所や家庭裁判所に相談しても、「まあ、人権というものがあるからなあ、家庭内の問題については——ここでは民事介入なんて言葉を使うべきではないのに——、警察としてはそこまで立ち入れません」と言うのです。つまり「人権」という言葉はいたいけな子供の人命・人権を否定するのに大いに役立っているわけです。「人権」の名の下に、人権も人命も人倫も踏みにじられているのが現状なのです。

「子供はやはり小さいうちから自然の中で育てよう」といっても、現実には不可能ですから、特に都会に人口が集中する時代にそれをどうするかが問題なのです。そういう教育をすることを考えなければいけませんが、しかし子供にとっての「自然」は最初は母親です。乳児期と幼児期というのは分けて考えなければなりませんけれども、乳児期にはやはり母親の母乳哺育、子供に十分スキンシップするということが非常に重要なのです。乳児期から保育施設、乳児院に預け放しというのは私は賛成しません。

ただ幼児期になったら親と子はだんだん離れていくべきで、そうなったら子供集団の中での接触が必要です。

また、不登校の子供に対して、最近の「教育評論家」やカウンセラーたちが言い立てている処方箋は、「学校に行かない自由を尊重しよう」ということになっているのですが、それだと子供たちに社会性がなくなってしまうのではないか。これも心配ですね。今日もてはやされているフリースクールの場合、下手をすると、自分を抑える、我慢する習慣がなくなってしまうのが問題なのですし、惨憺たることになっている実例は稀でありません。不登校の子供が登校するきっかけになるのは、やはり自然との直接のふれ合い、友達との密接なふれ合い、それから困難に挑戦してそれによる達成感です。子供にたくましさを育てることも必要なのです。

それから家庭の中での父親、または父親的存在による価値観の伝達。やはり子供に、世の中というのは自分の思うようにはならないのだ、ということを知らせなくてはならないのです。それが精神分析でいうところの超自我の成立で、父親というのはどうして家庭において超自我という存在になりうるのか、というのは、それは神の代理人だから、そうなりうるのですね。それは家庭の中に宗教が生きているからです。朝起きて、一杯の水とお線香を供えて「南無妙法蓮華経」「ご先祖様」と言うか、「天に在す我らの父よ」と言うか、それはさまざまですけれども、その代表が父親なのです。だからこそ父親が超自我の体現者になれるのです。そういうものを復活しなければだめで、憲法や教育基本法がそれを禁じているというのなら、そちらの方を変えるべきです。こう申すと、ひどく反動的と思われるかもしれません。しかし、自分の頭で考えて見て下さい。このどこが条理に反していますか?

というわけで、そういうような意味での良心の崩壊を防ぐということが、実は二十世紀の終わりから二十一世紀にかけての日本国民にとっての重大問題なのです。こういう具体的な重大な問題を避けて通って、抽象的な議論をしていてもしようがないと思います。終わります。

司会　たいへん有り難うございました。小田先生のお話しは、今の時代は倫理観が伝わっていない、良心が教えられていないというお話しだったと思います。

さて、今良心がなくなった時代と言われておりますけれども、本当に良心というのはなくなってきているのでしょうか。それとも、もしかしたら、素朴な意味での良心というのは皆がもっていて、良いことが何かというのが不明になってきたのでしょうか。

小田　それは実は、こういうことなのです。どうしてそれが不明になってきたかというと、人間はもともと利己主義なもので、自分勝手なものです。国家とか社会とか教育というものは、人間のもっている本性を抑圧してきたのだという考え方が、皆さんもなんとなくそうお考えになっていると思う。それは、要するに第二次世界大戦後の教育を受けた人は、そんなことばかり学校で教わり、しかも大新聞にそんなことばかり書いてあり、テレビもそんなことを言うから、「人間というのは皆自分勝手なものなのだ、そうだそうだ、私も自分勝手でいこう！」と。ただ、自分だけの力ではちっぽけなことしかできないから、自分より力の強い者は引き下ろそうという考え方ば

かりつぎ込まれてきたからです。

人間の本性の中に、実は利他主義なものがあるわけです。お互いに棲み分けようという気持ちがあるのです。さらに、哺乳動物は皆、同じ種の間で殺し合うまいというような約束事があるのだが、そういうのは良心の原基ともいうべきものです。ただ、人間の場合は、悲しいかな、それがそのまま伝わらない。子供の時に、乳児期に母親の愛によって、幼児期には父親の躾によって、教師や法や宗教の存在によって、それは呼び覚まされなければならない。それが逆の方向に呼び覚まされるようなプログラムばかりが与えられている。だから、自分達の心の中にあるところの良心が呼び覚まされないで、欲望を解放することが善で、それが新しい考え方で、それを抑制するのは全て管理であって人権を侵すものだという考え方です。

欲望だけですと、食欲・性欲・攻撃欲ですから、これは獣の本性だと言うのだけれども、獣はそれをなんとかコントロールしているのに、人間はこれをコントロールしないで、膨らますことばかり。最も人間を恐ろしい存在にしてしまうのは、実は場ちがいに子供の「人権」や「自主性」を言い立てて、子供を躾けず、教えず、法や宗教の存在に直面させせない今の教育なのです。今の大新聞の論説に代表される「世論」なのです。――「産経」を除く、と言いましょうか(笑)。

司会　人間がもともとは良心的な存在なのかどうか、ちょっと難しいのですけれども、ただ、良心を問題にすることと、具体的に良いこととは何かということを問題にするのとは、切って離せないものかと思います。八城先生、良いことは何かというのは、どのようにして決まっていくものなのでしょうか。

八城　小田先生のお話しを伺っていると、宗教とか歴史とか、それは要するに文化だと思いますよ。ですから、良いことかどうかというのは、何か本に書いてあることじゃなしに、自分で決めなくちゃいけない。

そのときに、良いことは良いし、悪いことは悪いことだと決めることができる能力というのは、きっと、その人の育ってきた環境の中で、どういうことを教えられてきたかということだと思うのですよ。だから、人権、人権で教えられた人は、良いことというのは全部それだけで判断するという危険があるでしょうね。国でも企業でも個人でも皆そうだと思いますが、やはり環境ですね。日本にある企業なら、日本の企業のあるべき姿というのがあるんでしょうね。それは歴史とか文化という言葉で言ってしまうとちょっと抽象的になるかもしれませんが、本来やらなきゃならないこととか、やってはいけないことというのは、そういう長い間の歴史の積み重ねの中にあるわけだと思います。

ですから、そう簡単に、良いこと・悪いこと、この本に書いてあるここだという話しじゃなしに、ちゃんと身に付いたものだと思いますよ、企業にしても個人にしても。

司会　そうすると、良いことをしたいという個人の素朴な気持ちを「良心」ともしも言うとすれば、良いことというのはかなり社会的な合意が必要……それは歴史とかそういうことに含まれるということでしょうか。

八城　先ほど小田先生が仰しゃったけれども、要するに今世界では市場主義がいいのだということで、何でもかんでも市場主義で通っていいのだというふうな流れがあると言いますけれども、それにもやはり実は反省があって、市場主義にも制約条件というものを設けなくてはいけないのですね。しかし、今までのように、行政が規制をすると同時に保護してきたという世界は終わりだと思います。市場主義は大事なのだけれども、それではその中で何でもやっていいかということになると、それはやってはいけないことがちゃんとある。

おもしろいと私は思うのですが、アメリカの社会というのは原則自由であって、これはだめ、ということをちゃんと規定しているのですね。日本では、これはいい、というのが規定してあって、それ以外のことは皆役所に聞きに来なさいというふうになっていって、その結果、消費者、利用者の利益を考えずに、業界の安定とか秩序を優先してきたわけです。こうした日本の社会の在り方というのはこれから次第に変わっていくべきものだというふうに思います。

司会　先ほど、小田先生からＤＮＡのお話しが出て、遺伝子が、利己的か利他的かというのを或る程度規定しているというお話しがあったのですが、村上先生……。

村上　まず最初に、小田先生は私のたいへん尊敬する先輩ですが、今日のお話しはたいへん過激で、日頃の恨みつらみがあるのじゃないかという……(笑)、これは冗談ですけれども。

私は遺伝子の研究をやっておりますので、何でも遺伝子に結びつける傾向があるのですが、これは非常に危険だと思っております。確かに遺伝子で規制されている部分があるわけですけれども、特に人間の場合は、遺伝子情報と、私どもは遺伝外情報と言っておりますが、その両方で人間は規制されているわけで、特に人間の場合は、決して遺伝子だけで決まっていない。そういう意味では、今の小田先生のご発言のように、環境とか、教育とか、修行とかそういうものも、人間性を養う上でたいへん重要であるというふうに思っております。

遺伝子も、これは先ほど先生が言われた、生き物は遺伝子の乗り物であって、その遺伝子で殆どのことが決まっているというふうな、すなわちその遺伝子も非常に利己的な遺伝子という話しが出てきまして、これがかなりの人に受け入れられると思っていますが、私はあれはまだ一つの説であって、本当に遺伝子そのものが利己的遺伝子だけかどうかというのはたいへん疑問に思っておりまして、利己的遺伝子があるなら、普通の或る意味での利他的遺伝子があって、そのバランスで乗っているのが人間ではないかなというふうに思っております。

もう一つは、遺伝子というのは、今のところわかっているのは、身体の設計図ということだけでありますが、私は、遺伝子は心というものとももまちがいなく関係があると思っております。しかし、先ほど本山先生の仰しゃった「魂」というものと遺伝子との関係は、少なくとも学問的には全くわかっていないと言った方がいいと思います。特に、良心というのは人間の魂の非常に奥深いところにあるというお話しが本山先生からありましたけれども、魂と遺伝子というのはなかなか難しい問題で、少なくとも今の学問ではここは全くわからないと言った方がいいと思います。

しかし、魂という問題はむしろ宗教とかそういう問題と非常に深く関わっていますので、これからおもしろい問題になるかもしれません。少なくとも私は、遺伝子と心、しかし心と魂はちょっと違うもので、心というのはたとえば「悲しい」とか「嬉しい」とか「怒る」とかで、そういうものは物質レベルで説明できつつあります。物質レベルで説明できることは、身体の中の場合は遺伝子でかなり説明できるわけですが、その本当の奥の奥にある魂というふうな問題は、今のところ、遺伝子とは関係がないと考えた方がいいのじゃないかというのが私の意見で、少し話しがズレますけれども、私は本山先生の方に返したいのですが、「魂とは何か」ということをもう少し教えていただければと思います。

司会　会長、よろしくお願いします。

本山　そうですね。……心の問題にしても、先ほど話しましたように、たとえば脳神経生理学とかで科学の対象として問題にできるのは、電気現象とか、あるいはホルモンの問題とか、そういう物理化学的な現象は、科学的研究の対象にできてつかまえられます。

けれども、たとえば今、或る人が或る事を感覚しているというとき、感覚生理学では、その神経細胞の中のいろいろなホルモンがどういうふうに働いて、どういう経過で興奮が伝達されるか、その過程はわかるけれども、その人の感覚そのもの、「赤い」とその人が今見ている心そのものはわからないですね。そういう意味では、科学というのは、感覚次元での心でさえも、そのメカニズムは或る程度神経生理学的にはわかっても、心の内容そのもの、動いている心そのものについては、殆ど関知できない。

魂というのはさらに、私どもが何十年かかかって、超常現象について、超心理学、電気生理学、生物物理学等によって調べた限りでは、脳に関わる現象というのは時間・空間の中の因果法則で動いているけれども、超常的な現象には、物理的な時間・空間とは違った自由の因子というのが入っていて、たとえば、見たくなければ見ないし、現象を起こしたくなければ起きないのです。

量子力学でよく非局所性論理といいますが、そういうものもやはり物理学的にみた非局所性の論理であって、心の態度そのものによって時間・空間が決まるというふうなことは、必然性だけを問題にする科学の中には入り得ない。けれども、そういう現象が現にあるということは或る程度まで証明されたわけで、そういうところで「魂は在る」ということを言っている。で、そういう魂がやはり人間の良心の元になるところだと思うのですね。

ですから、そういう意味で、たとえばＤＮＡの問題だけで良心があれこれ言えるというふうには思わないのです。

司会　魂と、身体、要するに遺伝子とか脳というものとは別のものであるというふうに村上先生が仰しゃって、本山会長からもそのようにお話しいただいたと思うのですが。

村上　私の場合は「それはよくわからない」ということで、今の科学ではその問題については全くわからない。将来関係があるかもわかりませんが、少なくとも今の科学の立場からは、遺伝子と魂、心と魂、要するに魂の問題は今の科学では触れられないというか、触れたらいけないというか、よくわからないということです。だからそれは関係がないという意味ではなくて……。

司会　一応、身体とか物質からは独立したものだというふうに、ここの場では捉えておいてよろしいでしょうか。

村上　はい、そうですね。

司会　その点、遠藤先生いかがでしょうか。魂とは、やはり身体とかそういうものとは独立した存在として捉えてよろしいでしょうか。

遠藤　村上先生がおわかりにならないことが、私にわかるはずがないのですけれども(笑)。

良心という話しなのですけれども、ザビエルが日本に来て今年で四百五十年になりますが、いろいろ良心の話しを日本人と問答をしたときに、良心というのは宗教とか何とかということと関係なく、人間が本来もっているもの、神様から与えられてもっているものだというふうに言っています。もし仮に、オオカミとかそういうふうなものと一緒に暮らしていた野獣のような人間を連れてきて、「人を殺すことが良いことかどうか」と聞いたら、何にも宗教的な教育を受けていない野人のような人間でも、「それはとんでもない、いけないことだ」と多分言うだろうと、ザビエルがそのとき言っています。

ですから、それはやはり本来人間がもっているものだと思います。

さっき本山一博先生が仰しゃった善とか悪とかというのは、これが良いことだとか悪いことだとかということは、その文化、文化によって長年伝えられたものが、「これはやってはいけないことだ、これはやっていいことだ」というふうにずっと長いこと伝わってきたのだと思います。

ただ、今、教育のお話しが小田先生からも出たのですけれども、私は自分の反省として、私たちが少女の時分には、たとえば兄貴が戦争に取られても悲しんで泣くこともできませんでした。「万歳、万歳！」としか言えなくて、「生きて帰って来てね」

ということを公けに言うことはもちろんできませんでした。ここがかつての軍人会館だから言うわけじゃないのですが(笑)。

それだものですから、今度子供を育てるときに、子供たちは私たちの時分から見たらずいぶんはずれていることをやってましたけれども、そのときに、「それでも私たちみたいに人殺しをお稽古するよりはましじゃない、私たちの時代から見ればはるかにましじゃない」と、親から代々伝えられてきたものを伝えなかったというところがあると思うのです。

それで今、子供のことを考えますと、「いったい親は何をしているの?」と言いたくなります。でも、その親を育てたのは私たちの世代なので(笑)、何も言えなくなってしまうんですけれどもね。

ですから、私は孫たちのために奮戦しなければならないと思っているところです。それで、さっき、大新聞という話しがでましたが、私は「産経」しかとってないので(笑)、それは大賛成でございます(笑)。

司会　……本日はちょっとどのように司会をしていいか難しいなと思いまして（笑）。

よく、「今の若い人は良心がない」と言われますけれども、実際に私自身が若い方と接していると、皆さん、何かしら素朴な良心、良いことをしたいという気持ちを誰でもが必ずもっていると感じます。これは私の確信なのです。そのわりには、若い人が良心がないと言われるのは、それはやはり良いことがわからないからだろうと思うのですね。そこで、「良いこと」と「良心」の関係というのがどうしても切り離せないなと思っていたところへ、小田先生が、抽象的な話しじゃなくて、具体的な話しをしなければと仰しゃったので、そういう方向でいこうかなと思っていたのですが……。

遠藤　でも、神戸の震災の時なんかを考えますと、若い方が自発的に、誰に強制されたのでもなくて、自分のお勤めのお休みの時間を利用して二日だけ駆けつけたとかという方がいっぱいいらっしゃいますね。私はやはり、山本五十六元帥じゃないけれども、「今どきの若いものは、ということを言うべからず」と仰しゃったそうですが、或る意味で私たちの考えているのとは違うかもしれないけれども、一博先生なんかは若い方と接していらして、やはり若い人は若い人なりの良心というのがあるんじゃないかと思いますが、どうでしょう?

司会　私は司会ですから……(笑)、それは全くそのとおりだと思うのですけれども。ただ、今日話しを興された小田先生が人権のお話しをされましたけれども、多分人権運動をなさっている方のかなりの部分は善意の方で、良いことをしたいと思っていらっしゃるのではないでしょうか。ただ、アメリカの嫌煙運動、禁煙運動もそうかもしれませんが、善意のはずが、何かとんでもないところへいってしまうという、これはいったいどういうことなんでしょう。良心というのは普遍的なものというお話しも今日はあったのですが、その辺を少し、八城先生に伺いたいのですが。

八城　皆さんのお話しを伺ってからにします。最初に変なことを言うといけませんので(笑)。

司会　それでは最初の小田先生に……。

小田　初めにちょっと村上先生に対して弁解しておきたいのですが(笑)、私は何も、今知られている程度の遺伝子工学や遺伝子学の話しから、それは手品のように良心の問題が全部解決できるなんて言っているわけじゃないのです。

どういうことかというと、「人間の本性というものは欲望だ。そして欲望を目一杯主張することが人間の本性に叶ったことであって、要するに国家のことだとか公けのことが大事だなんていうことを子供に教えるということ自体が子供に対する抑圧だ」というような考え方は、実は人間というより、生物の本性に反したものであるということを言おうとしたのです。

というのは、確かに同じ社会生物学でも、R・ドーキンス（「利己的な遺伝子」ということを言った人ですね）の言っていることと、バラシュとかデズモンド・モリスの言っていることとはやはり少し違います。人間というか動物の遺伝子の中にはそういう利他的な部分があるのだと。それはハードコアの利他主義というのですがね。ハードコアの利他主義は文化によって変えられなければならないのだけれども、かなり利他的な部分があるはずだ、と。それによって動かされる部分があるはずだというのが一つ。

それからもう一つは、比較行動学者のK・ローレンツとかN・ティンベルーンという人たちの考え方は、先ほど遠藤先生の仰しゃった話しは本当にそのとおりなのです。これは実例があるのです。フランシスコ・ザビエルのモデルというのは、彼は頭の中で言ったのですが、オオカミによって育てられた子供の話しは実例がありまして、確かにオオカミによって育てられた子供というのはオオカミのように吼えたり四つ足で歩くのですが、これがそのときお互いに殺し合うかというと、殺し合わないと思います。つまり人間以外の哺乳動物、オオカミはオオカミを殺さないからです。オオカミ同士の喧嘩の場合は負けた方がお腹をポロッと上に出すと、もう噛みつかない。われわれが犬を叱ったら、犬がコロッとお腹を出しますでしょう。あれは降参のサインです。——猫の場合は耳を垂れて逃げます。猫の場合、お腹をコロッと出すのは、撫でてくれ、遊んでくれといって甘えているのです。動物は種によって降参のサインが違うのです。

ということは、他の動物はそこで攻撃を止めるのです。人間は「すまんですむなら警察は要らん」というようなことを言って、いじめっ子がいじめられっ子を本当にいじめ殺してしまいますしね。

それから、死刑廃止論者の方もかなりこの中にいると思いますけれども、われわれが精神鑑定をしたときに、「命ばかりはお助け下さい……」という被害者を、「甘えるな！」と言って殺した、こういう事例が鑑定に回ってくるのです。そういうのに、鑑定の結果、これは完全責任能力であるという鑑定をして、その結果死刑判決が下されると、「あいつは悪い鑑定人だ！」と言って個人攻撃が加えられ、弁護士と、鑑定によって死刑廃止論を密輸入しようとする鑑定人と、新左翼寄りのジャーナリストとが共謀して、鑑定人に対して個人攻撃が加えられまして、お仕置きをされるわけです。

しかし、人間だけがそんなに恐ろしいのです。これは人間の本能が壊れているのです。壊れている本能を、文化、それに法と宗教の役割が重要で、それによって補わなければ人間は種として生きていけない。こういう意味では、生物学的な良心についての議論というのはできると思って、言ったのです。医者としての役割演技と申したところもございます。

ただ、遠藤先生の仰しゃったことで、もう一つ重要な点があるのです。遠藤先生はカトリックでいらっしゃいますが、カトリックの精神科医でV・E・フランクルという人がいます。これは『夜と霧』とか『死と愛』という本を書いた人ですが、この会場の中に、ご愛読の方もいらっしゃると思います。この人は、人間存在というのは三つの次元から成り立っていると言うのです。一つは生物学的な次元、一つは心理学的な次元、この二つは確かにDNAが決めたものでありますが、生物学的な次元の方が、たくさんDNAが決めている。直接決まっている。心理学的な次元はそこにすでにもうワンクッションおかれている。

もう一つあって、それは精神的次元である、と。精神的次元というのは、彼はカトリックの人だからこう言うのですが、人間は、創世記にあるように、神のまねびとして、神の似姿としてつくられている。そういうものは生物学的、心理学的なものによっては影響されないのだ、と。これは精神的次元というのです。

これは本山先生の仰しゃった「魂の次元」というものと似ています。そして、この魂の次元と、精神的次元あるいは心理的次元と肉体的次元というのは、お互いに投影しあっていると言うのです。

実は本山先生は、ちょっと今問題の腰を引かれて、魂の次元と肉体の次元は違うと仰しゃったけれども、実は、魂の次元と肉体の次元が最も投影しあっているということを、物理的な手段で、一番実証してこられた。そんなことは世界中の学者がだれも考えなかった頃に実証を始められた方が、実は本山先生なのです。そうでしょう……(笑)。

だから、お互いにこれは関係しあっていることで、そういう生物学的次元について言えば、たとえば精神分裂病は、精神分裂病の或るタイプの、或る形の症状というのは、人間のどの染色体によって、この遺伝子かもしれないということを、筑波大学の浜口秀夫教授らは「サイエンス」に出して、今論争中です。そこまでわかっている。

だけれども、魂の次元までいきますと、これは聖書の中に、「冒すことができないものを冒されない」と聖書に書いてある通り、それは冒されないのです。これは良心の問題と関係がないかというと、大いにあるのでして、そこでフランクルはこう言うのです。「たとえば強制収容所のような中にぶち込まれたときにも、或る人間は豚のようになり、或る人間は天使のようになる」。コルベ神父のようになった人もいます。この場合、他の人たちは皆カトリックじゃない、ユダヤなんです。だけれども、「彼の身代わりに私は死ぬ」と言って、コルベ神父はいわば殉教をするのです。そういうことが人間はできる。

それだけではなくて、神経症の患者でも、気落ちした人間から強制収容所の中で神経症になる。だから彼は、コンプレックスや生物学的な原因によって神経症になった場合でも、それに対して患者のとる態度によって治り方が違うと言うのです。その治り方を、介護によって患者さんが神経症から治る方法のことを、彼はロボテラピーとか逆説療法と言うのですが、簡単に言うと、顔が赤くなるとか、胸がドカドカして人前に出ると汗をかくという症状のようなときに、「症状から逃げるな」と。「一生懸命、顔が赤くなることを考えてみろ」というのです、鏡の前に立って。「サルのように赤くなれ、マントヒヒのようになれと自分に命令しろ」と言うのです。そうするとなんとなくおかしくなっちゃって、赤くならなくなってしまう(笑)。

それで、笑いとユーモアというものを導入して治療することを彼は考えた。これをロボテラピーといいますが、それは精神の次元というものを考えたわけです。これはご主人のゴマを擂るわけではありませんが、遠藤周作先生が、人生の苦しみというものに対して、戦後五十年間を通じてとってこられた態度と同じです。遠藤先生はどうしてあんなにおふざけになったのだろうと私たちは思うけれども、「笑うのは神が笑うのだ、人が笑うのだ。他の動物は笑わない。精神の次元をもっているから人間は笑えるのだ」という、フランクル流に言えばそういう考え方から、そういうふうに仰しゃったのだと思う。

私は生物学を導入して、何でもかんでもそれで説明しようということではないのです。ただ、生物学で言うような人間の本性と、道徳教育で言う人間本性とは全く乖離したものだ、と考えますと、国家も必要悪、学校も必要悪、家庭も必要悪、必要悪の部分は悪なのだからできるだけ少なくすればいい。母親は子育てをできるだけしなければいい、子供は教師の言うことはできるだけ聞かなければいい、国家がどんなに減亡しそうになっても、本当に国家が滅亡しそうになっても、国民は国家のために立ち上がらなくてもいいということになってしまう。そういうことを要求するということはよほど悪いことなのか、——私は戦争を起こすことは大体よくないことであると思いますので、国家は一生懸命戦争を起こさないようにすべきでありますけれども、だからといって、国民が国民としての意識をもってはいけない、日の丸も君が代もいけないという考え方には、私はついていけない、なんて卑怯な言い方を申しません。そういう言い方は間違っている。人間の本性に反しているし、道理にも反していると思います。

司会　有り難うございました。

だいぶ、精神とか魂という言葉が出てきましたけれども、精神とか魂に良心があるから、ハードコアの利他主義を超えて、国家とか人類に通用する良心あるいは共感というのがあるのかもしれません。その辺、いかがでしょうか、本山会長。

本山　先ほど話したように、人間を、今のわれわれが常識で考えているような人間の次元で考える限りは、科学が主になっているような人間観、生物とかあるいは動物という次元で人間を考えるのが主になってしまいますね。たとえば京大の霊長類の研究所によると、サルは感情をもち、言葉はもっていないけれども、概念化とか思考ができるということです。そういう意味では、サルも心をもっているということは言えると思うのです。

しかし人間の、それを超えた、たとえば良心の問題とかそういうふうになってくると、カントは『実践理性批判』において、apriori（先験的）に人間の心の中にはそういう普遍的な善というものがあって、それが人間の意識に「善を行なえ」と要請するのだと規定している。つまり、早く言えば、そう仮定をしているわけです。

ところが、実際に魂なら魂を摑んだ人にとっては、魂なりあるいはそれを超えた存在のあることは、もう事実なのですね。ただそれが、客観的なものか、単なる主観的なものかというのが次に問題になるわけですが、もしそれが主観的なものならば、魂とか宗教というのは、人間が考えた幻想の世界にすぎないわけですね。

ところが実際に魂なり、あるいはそれを超えたところに目が覚めてくると、「サムシング・グレート」のように、或る何かを規定をする、秩序を与える、そういう力が、自分に備わってくるわけです。そういう状態に自分でなってみないと、そこまでいってみないと、在るとか無いとか言えないわけです。

科学は、感覚を通して、誰でも赤いものを見れば赤い、熱いものを飲めば熱いと思う、感覚というものを通しての認識、それに基づいた認識によって共通の基盤をもっているから、すなわち、科学が言っていることはわれわれ人間の共通の基盤としての認識行動の上に成り立っているから、科学の言うことを皆が信じる。それと同じように、もし魂の世界に皆が目が覚め、そういうところで共通のものを皆がもったとしたら、やはり、魂なりあるいはそれを超えた存在の世界というものがあって、そういう世界の力が、もともと無秩序である物の中から、たとえばDNAとかいろいろな器関、身体をつくり上げ、一定の期間秩序を保って、存在させていることがわかるだろうと思うのです。そういうところに目が覚めたら自然に、「信じる」とか「信じない」とかではなくて、「在る」ことがわかると思うのです。

そういう世界がいろいろな物を創り出しているということを客観的に見出せたときに、科学と、あるいは生物学的な問題と宗教の問題が一つになる、両立できると思うのです。それで、将来、そういう、宗教と科学が両立できるような科学を創りたいというのが念願で、アメリカに大学院大学（ＣＩＨＳ）を創ったわけですが、それに共感をもってくれるいろいろな科学者は世界中に、数は少ないけれども、いるわけです。そういう研究を進めていきたいと思う。さっき小田先生が言われていたように、私がつくったというのではなくて、実際そういう学問が国際的な規模ではだんだん拡がっているように思います。

司会　今日の会長のお話しの中で、魂の次元で決まることというのは経験に先だって普遍性があるというふうなお話しがあったのですが、良心、良いことということを考えるときに、本当に良心というのは普遍性をもっているのかという問題が考えられますよね。

八城先生のお話しで興味深いと思ったのは、グローバル・スタンダードというのがあるのかないのか、グローバル・スタンダードとはどういうことかという議論はちょっと置いておいたとしましても、要するにテレビの前で言えること、あるいは誰がみてもそれはもっともだという在り方が、個人の行動にも企業の在り方にもあるというふうなお話しで、それは実際に先生が国際的な企業活動をなさっている中でのご実感ではないかと思うのです。理論に先だってまず実感があると思うのですけれども、本当に良心は普遍的なのか、誰もがみて、「なるほど!」と思うような何かが各自の中に備わっているのか、その辺お話ししていただけますか。

八城　先ほど小田先生が、グローバル・スタンダードという英語の用法はないらしいと仰しゃったのですが、敢えて話させて戴きますと、グローバル・スタンダードが英語にはないのだと書いたのは、東京にありますアーサー・D・リトル・インコーポレイテドという、アメリカのコンサルタンティング会社のグレン・フクシマだと思うのですが、英語でグローバル・スタンダードという言葉はないことはないのですよ。ただ、使い方がありまして、「フィナンシャル・タイムス」という英国の有名な新聞がありますが、それにはときどきグローバル・スタンダードという言葉が出てきます。アメリカの新聞では殆ど出てきません。というのは、アメリカはグローバル・スタンダードを気にしなくても、自分たちがやっていることがグローバルだと思っているのかもしれません。

そういうこともあるのかもしれませんけれども、ただ、実を言いますと、経済審議会の中に二月に出来ました幾つかの部会があるのですが、その中でグローバリゼーション部会というのがあって、私はその部会長をしておりまして、最近、最後の会合を終わって報告書を書いて、発表したのでもう終わったのですが、最初の議論の時にグローバル・スタンダードという話しが出てきたのです。そして相当いろいろな議論があって、だいたい委員の八割は大学の先生で、理屈はたいへん上手ですから凄く揉めまして、グローバル・スタンダードはどうのこうのという話しになって、私は言ったのですが、「皆さんの仰しゃっているところに口を出すのは、部会長というのは司会役ですから、普段はしないけれども、ちょっと皆さんにお話ししたい。金本位制の時にゴールド・スタンダードという言葉がありましたが、これはディ・ゴールド・スタンダードというのです。そういう意味で、金本位制の時のゴールド・スタンダードと同じような意味でのグローバル・スタンダードはあり得ない。英語と日本語というのは、定冠詞と不定冠詞を日本語では区別しませんので、英語ではディ・グローバル・スタンダードという言葉は使わない方がいいですね、まず間違いである。つまり、スタンダードというのはいろいろなスタンダードがあって、ものによって、対象が違うことによっていろいろなスタンダードが出てくる。あるいは時間の経過、あるいは環境の変化によって標準とするべきものが変わるとするなら、不定冠詞のゴールド・スタンダーズはあっても、ディ・ゴールド・スタンダーズはない」という議論をしましたら、途端にその議論は終わっちゃったのですね。

ですから、グローバル・スタンダードという言葉はあの報告書には全く出てこないはずです。

ところで、何をグローバル・スタンダードと言っているかについては、はっきり最初から決まったものがあるのではなくて、時代によって変わり、環境によって影響されるものであって、常に動いている要素が多いものなのですね。

ただ、日本の場合と外国の場合を比べて、日本の社会の良さというのは沢山あるのですけれども、今の世界の動きから考えると、行政が規制をして保護してきたという いき方は実は皆が食べられるのどかな社会なのですね、企業にとっても。というのは、農耕民族のお話しが本山先生からもありましたけれども、要するに資本主義の国家というのはだいたい狩猟民族の世界から発展してきたものですから、日本はどちらかというと、その中では例外的なものなのですね。日本の社会は、皆がなんとなくフンワカとやっていけるような環境におかれているわけですよ。

ところがそのうちに世界がどんどん変わってきてしまうと、たとえば物を作るときのコストの構造であるとか、技術は非常に優れているけれども非常に高いものしか作れないとか、あるいは、競争力がないものでも生かさなくてはならないということになってきますと、西欧の社会の優勝劣敗という原則がグローバルな市場を支配するようになる。日本では優勝劣敗はないけれども、皆がいつのまにか沈んでしまう。この七、八年起きたことは、金融問題をはじめとして、皆がどんどん沈んでしまったという状態なのです。

ですから、やはりその中に優劣が出てくる必要があるということを最近私は思っているし、現実にそういうふうに日本の社会は変わりつつあるのですね。優劣敗の世界になったときに、企業はそこでいったいどういう行動をしたらいいか、そこが問題なのです。

要するに企業が良心をもたず、好き勝手なことをやって、ただ勝てばいいのだというような企業は永遠に続くことはない。一時的には成功しても、必ず失敗する。というのは、たとえば日本で仕事をしているときに感じますのは、消費者の利益を考えないといけないということです。つまり利他主義というのが最後に一番大事なことだと思うのですね。利他をすることが実は自分を助けることになるのだ、お客様がついてきてくれるということにつながるのではないかと思うので、その点はあまり矛盾がないのではないかなというふうに思っております。

小田　ただ、グローバル・スタンダードという言葉は、日本では最も残酷な意味に使われているのです。個人的意味におけるところの優勝劣敗をセイフティネットなしに進行することを意味しているようです。逆に言うと、企業のいう意味のグローバル・スタンダードというのは、要するにM&Aをどんどんやるとか、それからTOB（株式公開買付による乗っ取り）をどんどんやるとかという意味の、それからマネーゲームをどんどんやるというような、そういう意味での自由化です。それに対する規制をなくするという、最近はソロス自身が悲鳴を上げているような資本主義を日本は導入して、そのために失業者がどんなに出ても、それは労働者が受忍すべきだというような意味に使われた。

しかし現実のアメリカの資本主義はそんなふうに行なわれているかというと、SEC（証券取引委員会）がよほど強力であるし、独占禁止法の適用や、それに関するところの連邦裁判所の判決の傾向などをみると、アメリカの資本主義は日本の資本主義よりもよほど不自由なところもあるわけですね。そういうものも確かにグローバル・スタンダードであるというふうに言えばよかったのに、弱肉強食だけ追求する。それも確かに対症療法ですよ。毒薬療法です。護送船団を解体すると言うのだけれども、それがあまり言われてしまったために、これは道徳の問題に換言していきますと、経済上の道徳というのは昔から、経済人の渋沢栄一の道徳だってカーネギーの道徳だって皆そうですよ、弱肉強食を徹底的にはやらないというのがカーネギーの道徳だったし、渋沢栄一の道徳だった。それが忘れられているのではないか。

日本の場合、これほど失業者がどんどん出ていくのに、それからホームレスだってどんどん出ていっているのに、日本のホームレスはシェルターを供給してほしくても、シェルターの供給がくじ引きになってしまってなかなかシェルターには入れないというのが日本のホームレスなのです。アメリカのホームレスの場合は、シェルターというより、シェルターがあったって入らないというのがアメリカのホームレスなんですね。そこのところが違って、グローバル・スタンダードという言葉は日本では最も残酷な意味に使われた。

確かにこれは日本人の英語の理解力にちょっとカルチュアル・ラグがあるだけのことなのでありまして、米国大統領候補のブッシュ二世が compassionate conservatism（同情心のある保守主義）と言い出したら、今度はまた、そうでなければだめだということになりそうで、この動向はまた変わるでしょうけれどもね。

その辺のところで、八城先生の仰しゃっているような意味での企業としての行儀のよさ、良心、そういうものの源泉になるのは、正直は最高の贅沢とか、利他主義というのは結局利己主義につながるのだとか、そういうことに帰着するのですか。それとも、もっと宗教的なところからきているのでしょうか。どうなのでしょう?

八城　それは宗教的なところからきているとは私は思いません。企業は収益を高めて資本、資産の効率を高めることが目的ですが、しかしやはり基本的には、企業にも利他主義というのが基本にあって成り立っているのですね。相手が何を望んでいるかとか、相手に本当に満足してもらえるようなものをしなければ長続きはしないという意味で、企業にもやはり心というか、人間と同じようなものがなければいけない。

それは経営者によって代表されるのだと思いますけれども、経営者がどういう姿勢で仕事をしていくかということが非常に大事なことだというふうに思います。

小田　その場合、経営者対経営者のモラルですか。それとも経営者対消費者のモラルですか。経営者対従業員のことですか？

八城　それは経営者対消費者、第一義的には。あるいは、経営者対お客様といいますか、顧客ですね。それがまず第一に大事だと思います。そうすれば自然に、経営者対従業員の問題も当然同じような姿勢でいくわけです。

なぜ経営者対従業員も顧客と同じかという意味は、会社の中にいる人たちというのは、お互いに物、サービスを提供したり、サービスを提供してもらっているわけですね、社内的には。それは顧客との関係と実はあまり変わらないのです。ただ、命令をしてやるのではなしに、相手のことを考えながら仕事をうまくできるようにしていくわけですから、基本的にはやはり顧客だというふうに考えています。

司会　利他主義と相手の立場に立つということを仰しゃって下さいましたけれども、遠藤先生いかがでしょう、医療の現場で、相手の立場に立つということは非常に大事な原理なのでしょうか。

遠藤　はい、ターミナルの医療においては、患者の言葉をお医者様は考えて下さるということはたいへん大事なことで、今まで主従のような関係で、「なんでも任せておけばいいのだ、何も口を出すな」という感じでずっときたと思うのですね、医療というのは。「素人が口を出すな」という感じで、また素人の方も、「お医者様に任せておけばいいのだ」という感じできたと思うのです。

ターミナルの医療においては、死というのは一人称でもあり、二人称でもあり、三人称でもあると思うのです。患者さん本人の死に対する感じ、それから周りの家族とか連れ合いとかそういう二人称の関係もあるし、それからお医者様との三人称の関係というのもありますね。でも、今までの医療というのは、「家族はちょっとどいていて下さい、家族はお出になっていて下さい」ということで最後の最後まで治療というのがやられて、今は人間が死を経験するというのは、病院で医療的に最後まで管理された死を経験するというだけになってしまいました。

お医者様の正義としてはそれでいいのだと思いますけれども、さっきも申し上げましたが、それはお医者様のクオリティ・オブ・ライフで、患者さんがそう思っているかどうかというと、まず殆ど九〇パーセント以上の患者さんはそう思っていないと思うのですね。それで、いろいろな苦しい治療を我慢するのは、治してもらえると思うからなのですね。これはもう絶対に治してもらえないとわかったら、家に帰りたいのだと思います。

今までは、「そういうわがままを言うんだったらどうぞご勝手に！」と言って……、でもそれはわがままでしょうか?。私にはどうしてもそれはわがままだとは思えないのです。家に帰って静かに自分らしい死を迎えたいというのは、そんなに贅沢なことでもわがままなことでもなくて、人間の本来もつべき希望だと思うのです。お医者様には、自分のクオリティ・オブ・ライフで考えた患者さんの最期ではなくて、患者さん自身が希望している最期の姿を考えて戴きたいと思います。

司会　村上先生のご本の中に、「喜びは共有してこそ大きな喜びになり、それが大きな感動を生み、サムシング・グレートに叶う、人に役立つ仕事ができる」というような部分があったかと思うのですけれども、他人の立場に立つということは、そういう共有とかあるいは共感とかということと関係があるのでしょうか。

村上　あると思いますね。だから、利他主義というのは「他人のため」ということですけれども、それはたとえば人が喜ぶ時に、自分だけが喜ぶという喜びもあるし、それから家族と共に喜ぶ、あるいはもっと大きな社会の人と喜ぶ、喜びの輪が拡がれば自分の喜びも増えてくる。

そういう意味では、国家とか家族とかそういうものを今はどちらかというと考えない教育について、小田先生が痛烈に批判されましたけれども、そのことについては、自分だけのことを考えてたのでは、本当に自分が心から喜べなくなる。だからそういう点では、小田先生と私は一致しているところがあるのです。

ただ、なぜこういう教育になったかというと、戦争中にとにかく滅私奉公があまり強かったために、その反動として、もうこれはかなわん、国家のために命を捧げるという、これは一つの美徳だと思うのですが、それがたとえば戦争目的に利用されたという、それへの反動で、今度は逆に、国家とかそんなものは考えずに自分の幸福を追求するというふうになって、その反動が強かったという、そういうことだけで、日本人の奥底には利他主義というか、もっと言えば良心というか、そういうものは必ずある。

これはやはり日本人だけではなくて、人類に普遍的なものではないだろうか。だから、それが教育とか環境とかによって大きく歪められたり変えられたりするけれども、人間の根本には、自分だけでは幸せになれないという、たとえば良心というようなものがあるのではないかというような気がしております。

司会　なぜ、良心は誰もが先天的にもっているのでしょうか。普遍的なのでしょうか。

村上　それは大変難しい問題ですけれども、おそらく、人間が何のためにつくられたかという問題になってくると思うのですが、私は、人間というのがただ単にDNAの塩基配列の並び方によって偶然に出来たとは思えないわけですね。四つの塩基しか使ってないわけですから、この四つの塩基をでたらめに並べますと三十億ある、というのはどういうことかといいますと、四×四×四……三十億回掛けるのですね。三十億回掛けて、人間みたいなものが生まれる確率はゼロなのです。だからやはり、大自然というのは、人間のようなもの、生き物をつくろうという思いのようなものがあったのではないかという気がします。

そうすると、何のためにつくられたかというのは大変難しい問題ですが、「サムシング・グレート」というものを私は仮定しているわけですが、「サムシング・グレート」というのは親の親の親というふうに考えると、今の親はおかしなのが沢山おりますけれども、神様や仏様みたいな親は、自分のいわば子供なわけですから、子供が幸せになる姿を見て楽しみたいのではないか。そういうもののために良心というものがある。良心というのは、結局、自分だけではなくて多くの人と一緒に幸せになるためのもの。だから人間は、神様や仏様に近づくような可能性ももっている。しかし一方、動物以下にもなれるという点で、心というものを人間はかなり自由に使える。ですから、ここで、神様や仏様にも近づくし、動物以下にもなれるという点で、人間はやはり他の動物とは違う。

ちょっと話しがズレましたけれども、そういう意味では人間は、この地球の中においてそういう責任があって、今議論しているようなことは、おそらく動物は考えていないと思うのですね。良心とは何かとか、神は何のために人間をつくったかとか、そういうことを考える能力を与えられたということは、やはり私は「サムシング・グレート」の思いみたいなものに人間は近づいてほしいという望みがあったのではないか。これは科学的にはなかなか説明できないのですが、遺伝子の暗号を読みとりながら、その凄さとか素晴らしさを感じていると、これはただ無目的につくられたのではないのではないかというような気がしております。

司会　人間はかなり心を自由に使えるという辺りを非常におもしろく拝聴したのですが、その心をかなり自由に使うときに、いわゆるよい方向に使うときに、オープンであるとか、あるいは透明であるとかということは大事なのでしょうか。

八城先生いかがでしょう。

八城　ご質問の意味がよく……。

司会　情報開示とか、あるいは社外取締役の話しがありまして、そしてチェック機構と、そういう意味でオープンであるということを仰しゃいましたけれども、そのときに、社会の外の倫理観が企業の中に導入されるというお話しをされましたけれども、人間の心を良い方向に働かすというときに、オープンであるとかそういうことは何か役目を果たすのでしょうか。

八城　人間というのは、特にアメリカ人と仕事を長いことしてましたから、なかには、人間は欲望の塊りだと思うことがありますよ。英語ではグリードと言うのですが、グリード度が強いということを感じることがありますね。

資本主義の一つの究極の姿というのは、いかにして儲けるか、なんですよね。そうすると、人間の欲望には限界がありませんから、いろいろな問題を起こすわけで、それを制約しようというか、それを抑えようという抑止力になるのが、やはり自分たち企業の行動を全部開示しなければならない、そういうルールが出来ているわけですね。だから、アメリカの上場している企業について、証券取引委員会は徹底した情報の開示を求めています。開示したら、やはり恥ずかしい思いをしては困るわけですね。そういう意味で、一つの抑止力になっていると思います。ですから、アメリカの企業で不祥事件があまり起きないというのは、そういった、開示をしなければいけない、どういうふうに自分の会社は活動しているか、どのような取引が行なわれているかを開示しなければならない、それが企業の抑止力になっていて、あまり不祥事件が起きないのだと思います。

たとえば株式の取引をやっているときに、特定のグループにだけ利益を出させて一般の株主が損をするようなことをやれば、それはもう大変な罪なんですね。ところが日本では、大手のお客さんだからいいじゃないかということまで言う人がいるのです。

ですから、やはり或る特定のグループだけに利益をもたらしているということは社会から受け入れられないという、そういう意味でフェアでありオープンであるということは、企業存立にとっては非常に大事な条件だと思います。

会社の経営者が何か不祥事件を起こしますと、日本では「辞める」ということでお終いになりますが、アメリカでは社会的に抹殺されてしまうのです。誰も相手にしてくれなくなってしまう。つまり、そういうことさえも守れなかったというのは人間的に失格だ、ということになってしまうのです。

司会　実は今日、小田先生が人権のことからお話しされたのですが、筑波大の国際政治の先生で、「人権思想は悪魔の思想だ」と仰しゃる先生がいらっしゃるのです。その同じ先生が、「道徳というのは普遍的である。なぜならば、理性を経由しないで何かを見たときに、それに対して〝良い〟と思う心は普遍的であって、……」というようなことをお話しされているのですね。多分、広くオープンになったときに恥ずかしいと思うときは、皆が恥ずかしいと思うことを何か心の中で共有しているからだろうかなと、その本を読んだときに思ったのですけれども、その辺に関連して本山会長いかがでしょうか。

本山　頭を掻いてるときに質問されたから……(笑)。

司会　誰もが「これは恥ずかしいことである」あるいは「これはもっともなことだ」というのは、理性に関係なく普遍的だという、そういうご意見の先生が筑波大にいらっしゃいまして、それに関連していかがでしょうか。

本山　それはやはり、文化の違いというものを考えた上で、なおかつ、イギリス人にもアメリカ人にも日本人にもインド人にも、これはいい、これは悪い、と思えるようなことがグローバルな何かだと思うのですね。
　ところが、たとえばイギリス人にとって「それはおかしい」と思うことが全て普遍的とは言えないですね。そういう普遍性というのは、ちょうどシャンカラが、不二一元、絶対のものは区別がないと考えたように、絶対の普遍性をあまり強調すると、それではどうして区別のある世界が出来たかという時に、つながりがつかなくなってしまうのですね。普遍的なものが、「普遍である」ということを一種の自己否定をしてイギリス流、アメリカ流、日本流、インド流にならないと、実際にはそれを各人種の中で道徳として、善なるものとしては動かないと思うのです。抽象的な普遍性をもし学者が考えているとしたら、そういうものは絵に描いた餅みたいなもので、何の意味もないと思うのですね。

本当に普遍的なものは、自分を自己否定をし、それぞれの民族ないし文化の中で住んでいる人が生きられるような善をつくり出すと思う。そういうふうな呼びかけを、インド人についてはインド人なりに、日本人については日本人なりにできないような普遍性というのは、何の意味もないと思います。そういう人に限って人権、人権、人権、と言うのかもしれないですね。

小田　何か人権の敵みたいな感じになっちゃうから……(笑)。

私は人権自体を敵視してそういうことを申したのではありません。そんなことを言っているんじゃない。人権はとっても大事なことなのです。ですけど、私が先ほど言ったのは、中川八洋筑波大学教授の訳を紹介したのですが、これは古今東西を通じてあるところの、それから先ほど司会者の本山先生がお出しになった性善説か性悪説かという問題に帰着するのです。

中国の方では性善説を唱えたのは孟子という人がいて、それに対して、韓非子という人や、同じ儒学系統でも荀子という人たちは、人間はそんなにいいものではない、こう言います。だから法によって矯めなければならない、と言います。私はやはり、真理はその中間にある、と。人間性の中には良いものもあり、「惻隠之心」というのがあるけれども、法と教育によって矯めなければならない存在なのです。そして先ほど本山会長の仰しゃった思想の背後にはカントの思想があるのだと思いますが、先験的に人間には善悪の判断ができるとカントは考えます。しかしそれができないのだ、教育によってしかできないのだという考え方もあるようです。

さて、そこで私が人権論者を疑問に思うのは、第二次大戦後日本で唱えられた人権主義といわれるものは、個人が自分の欲望を目一杯に主張することだけが善だというのです。そして一部の弁護士さんたちは、いじめっ子や校内暴力は、これを処罰したり抑制したりしなくても人権教育をやればいじめもなくなると言うのですが、「どうして?」と聞いたら、「人権教育をやったら、自分ばかりではなくて他人にも人権があるということがわかるから、いじめをしなくなるだろう」と言うのだけれども、実は欲望というもののコントロールができなければ、学校の先生が「そんないじめはいけないよ」と言ったときに、学校の先生に対する畏敬の念もないし、自分の欲望をコントロールすべきものだということを教わっていなければ、「なに、先公、文句あんのかよ! お前、殴りたそうな顔をしているから、殴ってみろよ。新聞社か教育委員会に言いつけて、お前はクビだ」と言って、本当に先生を蹴り上げますからね。

今、大都市部の学校の校長先生は、「子供が殴りかかってきたら、ポケットに手を突っ込んで、殴られろ。そうしないと、どっちが手を出したかということになると、たいてい自治体の情報公開委員会で問題になって(情報公開委員会には人権派の弁護士がたいてい一人いますから)、先生が悪いということにされてしまう(そうするとこの校長も地位が危ない）。だから（まあ、あんたはどうなってもいいけど、わが輩がクビになるのはどうも困るので）ポケットに手を突っ込め」、こういうふうに言うのです。本当にそうなのです。先生方は泣かんばかりにそう言うのです。そういうことになってしまう。これでは自分の人権も他人の人権も共に尊重するどころではないのです。

やはり小さい時から欲望を目一杯膨らませ続けてきて、社会全体でも欲望を膨らませ続けることが善であり、そして欲望を貫き通すことができたら強者だという社会教育を、皆いっぱい受けてますから、こういうところで場ちがいに「児童の権利条約」と「人権」を言い立てて、そしてそれに対する抑制の力、つまり学校の先生が子供に手も足も出せないようにする、警官が犯罪者に手も足も出ないようにする、触法的精神病患者に対しても精神科医は手も足も出ないような存在になさって下さるので、大阪府堺市で起きたあのシンナー中毒の少年による大量虐殺事件みたいなことが起きて、その少年はそのことを報道されたというので、出版社から大金をむしり取るというようなことが行なわれるのです。

つまり私は、人権はとても大事なものだと思うのです。ですから人権を否定しているのではありません。「人権主義」というのが、要するに社会の解体をもたらしたいというような下心をもったような人たちによって振りかざされている。これは初め社会革命をやろうと思っていたのですが、機動隊が強くてできないので、もっと弱いものを相手にいじめようという、こういう気持ちが七〇年代の全共闘・過激派といわれた人びとの間にあって、そういう根性が未だに残っているのです。そういう人たちが今は大新聞の社会部長になっていたり論説委員になっていたり、弁護士になっていたりしている。こういうところに諸悪の根源があるのです。諸悪の根源というのは、人間性の深刻な部分よりもこんなところにあるのです。

そして、今の子供たちが、本当に「惻隠之心」を豊かにもっているということは、われわれは大学の教官としてよくわかっています。私が前におりました大学の研究室員なんていうのは、普段はもうトンカツ将軍の軍隊みたいなもので、「のらくろ」という漫画に出てくるところのブウタロウの軍隊のことを言うのでありますが、これがどうなるのか、村上先生の研究室の大学院学生を見習え、と言いたいのだけれども、教授が、村上先生のように「早起き・正直・働き」なんてできない人ですから駄目だった(笑)。ところが、それだって、関西淡路大震災の時には率先して、彼等は医者と心理学者の集団ですが、本当に忙しいのですけれども、皆ワーッと淡路に行ってカウンセリングの活動をやって帰ってきました。

そういうところは今の若い人のいいところなのですが、そのいいところを生かさないで、要するに公けというものの存在を彼等の頭の中から払拭しようとする、そういうような教育が行なわれていることが憤慨に堪えないと言っているので、とにかく私は本来は犯罪学者ですから、なんとか犯罪を減らそうと思っているのに、たとえばオウム真理教をああやって延命させちゃったでしょう。あれだって場ちがいに「人権」を言い立てて、オウム真理教に破壊活動防止法を適用したら、われわれ過激派の人権が犯されるというので、一生懸命弁護士さんや大学教授や評論家や、場合によっては カウンセラーまでが、特に大新聞の論説委員は、或る新聞なんかは八回もその意味の論説を書いて、破壊活動防止法の適用に反対した。その結果こういうことになってしまったわけです。

そこでオウム真理教があやってのさばって歩いていることは、人権を尊重したことになるのだろうか、私は本当に疑問に思っているのですが、或る県の弁護士会は昨日、オウム真理教の訴えに応じて、オウム真理教の実態調査をいたしました。そして、今のところ破壊活動をやる準備はやっている形跡はない、県や市は転入届を受理すべきだという勧告を、おそらく出すかもしれません。

こういうことが人権擁護なんですか。こういうことをやっている人は、ヒューマンライツのための運動家じゃありませんよ。私はこういうのは和製英語を使っていて、ヒューマンライツ・モンガーと言うのです。warmonger（註・戦争屋）と言うじゃないですか。

私はヒューマンライツ・モンガーのヒューマンライツに反対しているのであって、もちろん人権に反対しているのではありません。人権はとっても大事なものです。

司会　実は私は、「若い人」というのはどのくらいが若い人なのかよくわかりませんけれども、若い人と接していて思うのは、どんな人にでも必ず素朴に「良いことをしたい」ということは間違いないと感じるのですが、逆に、どんな人にでも実は「悪いことをしたい」という欲求、「悪いことをしたい」という気持ちがあるのですね。こういう、「悪いことをしたい」という側から良心を考えるというのも一つの考え方ですが、時間が後十分しかないのですね。どうしましょうか……。

つまり「悪いことをしたい」という気持ちはどんないい子にもあるようでして、これは良心とは何ですか、という問題と関係があるようですが、遠藤先生、先ほどからにこにこなさっているので……

遠藤　さっきから人権屋さんの話しが出てますが、やはり人権、人権で、自分たちが好きなことを最大限にやっていくのがいいのだという教育がずっと行なわれてきました。

この間、さっき申し上げたように、家で死ぬのが一番いいことだということを修道会でお話ししたのです。特養老人ホームというのをずっと経営していらっしゃる、関東地区のシスターばかりがお集まりになっていらっしゃったのですが、そのときその話しをしましたら、「今はとにかく特養老人ホームに親を捨てる息子や娘が沢山いる」と仰しゃいまして、「そういうのを無理に家庭に帰しても、おむつを替えてもらえなかったり、ご飯を食べさせてもらえなかったりして残酷なことで死ぬことになる、それならホームにいる方がずっといい」というお話しをなさいました。ホームではお医者様とタイアップしておりまして、「もう、あと二日だよ」とお医者様から電話がかかってくると、ホームに引き取るんだそうです。ホームでは二十四時間体制で見ているので、「シスター○○」と手を握りながら、そうやって亡くなるのだそうです。「でも、それでも、家庭に帰って死ぬよりはずっといい、息子や娘は親を平気で捨てる」という話しをなさいました。そして、子供さんとか身内の方が来たらどんなに喜ぶだろうかと思って、「患者さんが今こういう状態だ」ということを定期的に報告するのだそうですが、「もう不用な通信は一切無用!」と言ってくるそうです。

一方、この間「産経」で見たのですけれども、平成四年から八年までの間に、実際の親の虐待で死んだ子供が二百四十五人、疑わしいのまで入れると三百二十八人だそうですね。そうすると、本当に今の親というのは、自分を育ててくれた親を捨て、産んだ子供も殺し、いったい今の親は何を考えているんだろうと思います。良心というのはどこへ置いてきちゃったのかなという感じがして、恐ろしくなりました。
人権屋さんたちの犯した罪というのは本当に大変なものですね。この五十年間かけて日本人をそういうふうに崩壊させてしまった罪というのは、凄いものだと思います。

本山　今のことでときどき話しをすることですけれども、マホメットが、「人間というのは十人おったら、一人はとても悪いことばかりする。人を殺したり、何をしても悪いことをする。もう一人は、何をしても自分で善だと思うこと、人の役に立つと思うことをする。あとの八人は、社会状況によって、善いことをしたり、悪いことをしたりする」と言っています。たとえばこの間アメリカで暴動が起きましたけれども、暴動が起きてその地域一帯に社会の秩序が乱れると、日頃は紳士淑女であったような人もデパートに入って略奪したりする。警察が鎮めると、その人たちは平常の紳士淑女に戻る。このように、十人のうち八人は社会状況がどうであるかによって善人になったり悪人になったりする。本当の善人は十人の内一人しかいない、悪人というのも一人はいて、それは常時悪いことをするというわけです。

そういう「悪」の根源は何かということを考えることもまた、良心の根源と同じように、人間を理解する上で非常に大事ですね。そういうものがわかると、人権という名の下に実際は自分の欲望を満足させる、そのためには人を殺してもいい、あるいは子供を殺しても、親がホスピスにいれば死ぬまで放っておいてもいいということになるメカニズムがわかると思うのですが、悪の根源とはいったい何かというのはまた次の大きな課題だと思うのですね。そういうのがDNAの中にあるかもしれない。生物学的に見れば、自分の存在を維持するためには、他のものを殺すかもしれないですね。

そういう悪の問題は今日の良心の問題とからんであることですが、今日はやはり時間の問題もあるし、それをさらに考えるということはまた次の問題にしたいと思います。

司会　そうですね。私も最後にまたややこしいことを言っちゃったかと思ったのですが、実は司会者としては、小田先生が仰しゃった畏敬の念、村上先生が仰しゃったサムシング・グレートへの感謝、そして遠藤先生のご本で読んだのですが、キリスト教というようなことについて皆さんのお話しをもっていきたい、それで会長が仰しゃったような、いわゆる善悪を超えたような普遍的な善に対する何か、というように話しをもっていきたいと思っていたのですが。

今日は小田先生から興された話しが多かったので、畏敬という言葉について、それでは最後にお話ししていただけませんか。

小田　人間というのは確かに今言ったように、こうやったらうまくいく、こうやったらうまくいかないというふうに、人間の計らいを超えたものがあるのですね。人間の中には、確かに悪の部分もあるのですよ。これは親鸞という日本の僧侶が言っているのですが、「わがこころのよくてころさぬにあらず」と言っているのです。要するに人間の中には悪の部分もある。そして、阿弥陀仏はまず悪人から救って下さるという考え方があるのですね。

そういう善悪という両方を含んだものが人間的存在であって、ただ、それだったら、人間は悪いことをし放題じゃないかというふうに、親鸞の思想だって、初めは「本願ぼこり」という形で皆に誤解されたのです。「それ違うよ、それじゃ南無阿弥陀仏じゃないじゃないか」と親鸞は言いました。南無阿弥陀仏じゃないじゃないかと言ったのは、つまり「阿弥陀仏、仏様に帰依するという心がなければならない。帰依するという心が全てだ」と言ったのですよ。それは「畏敬すべきものがあるということが全て」ということで、そもそも、南無阿弥陀仏、南無妙法蓮華経、そういう心がいったい人間の心の中にもともとあるのかどうか、これは実はわからないのです。わからないのだけれども、それを見付けることによって人間は救われるのだと。DNAも知らなければカントも知らなかった頃に、日本人はそう考えてきたのです。

そういう意味においては、これはたぶん、基本的にこれを作ったのはミームだと思うのですが、何でも遺伝子にもっていくのはけしからんかもしれないけれども、ミームというのは自分を生み出してくれたものに対するものがあるのだと思うのですけれども、しかしそれは置いておきまして、今の善と悪の問題というのは確かにこれは人間が理性で測らいきれないところが確かにあって、それを超越したものが存在する。

やはりそういうものを想定するキーワードとして、畏敬の心とか、手を合わせる心とか、そういうものがあるのだろうと思っています。

ここから先は、今まで私が述べてきたように、理屈ではなく、私の感じですね。印象です。議論が途中で、今日の私の最後の発言というのは何の根拠もないです(笑)。

司会　有り難うございました。あと三分ですが、会長、最後にどうでしょうか。

本山　皆さんそれぞれの立場で善あるいは良心というものが考えられていて、今日お話しを伺ったのですけれども、実際に良心が何かというのは、人間の立場だけではつかまえられない。つまり良心そのものをぎゅっとつかまえたときに、「良心が何か」というのがわかるのではないかと思うのです。

司会　サムシング・グレートに感謝ということに関連して、村上先生、何かこのことに関してどうでしょう。

村上　私も、善悪は人間の本来的なものに由来している、すなわち、自分のコピーを残したいという、これは遺伝子におそらく間違いなく入っていますから、自分のコピーを残したいというのは、悪く言うと、他のことは考えないということ。しかし人間はそれだけではなくて、利他的なものもあるということを感じています。

それから、サムシング・グレートというのは、私がなぜ「神」や「仏」と言わないかというと、神や仏を信じている人にも信じていない人にもそんなものには関係なく人間は生きているという、全ての人の中にサムシング・グレートの働きがあり、それは何者にも替えがたいものである。それをどう考えるかはその人その人ですけれども、やはりそういうものによって、そういう凄さというものはわかるわけですから、そういう凄いギフトを貰っていたら、人間としては感謝する方がいいし、感謝をするとサムシング・グレートが喜んでくれて、人間としても素晴らしくなる。ということは、自分も生き、周りの人も生けるような生き方ができるのではないかということを考えています。

司会　それは単なる人間の良心とは違うものだということですか。

村上　しかし本山先生の仰しゃるように、サムシング・グレートというのは、良心、要するに心の奥の奥の魂とつながっているのではないかと思っているので、本山先生の仰しゃる根源的な良心とは関連があるのではないかと思っておりますが、その辺はよくわかりません。

司会　有り難うございました。

これで時間になりました。会場の方に振りたいなと思っていたのですが、時間になってしまいましたので、申し訳ありません。

先生方、たいへん有り難うございました。私も大変感謝申し上げております（拍手）。

おわりに

東京歯科大学学長
医学博士　石川　達也

本山先生の会（ＩＡＲＰ）が発足してからずいぶん経ちましたが、本山先生はずっと、只今の開会のお話しにありましたような方向に向けていろいろなサイエンスをやっておられまして、私も当初から、そういう意味での先生の目標といいますか、それに対してつねに賛同いたしまして、現在まで、こういう会でもお話しさせて戴いてまいりました。

心の問題というものを、先生の研究所では、ライフフィジクスと呼んで、物理現象として研究しよう、そうしないと証明ができないからということで、そういう仕事をずっとなさっておられますが、振り返ってみますと、ちょうど今から二十年ほど前、一九七八年頃、アメリカでＩＡＲＰの年次大会がいろんな国の学者をお招きして開かれましたときから、私は「なるほどな！　心の問題にサイエンスでなんとか挑戦しようというのはたいへん難しいのだけれども、見込みがないわけではないな」というふうに思ったわけであります。

先生は一九八〇年、いわゆるチャクラの研究の中で、チャクラから発信するフォトン、すなわち光子を素材にして研究をされて、それをこの大会で発表されました。その後、一九九〇年にも同じような発表をなさっておられますけれども、そういうことを断片的に頭の中に入れておりますと、最近のいろいろな研究といいますか、話題が、どんどんそっちの方に近づいていくのだなということを痛感しています。非科学的だと言われてきた課題について、たとえば脳の研究などをとおして、心と生命、生命現象を生命物理学的に解釈しよう、そういう動きがだんだん盛んになってきている。二十〜三十年前にはとてもそういう研究が成立するかどうかわからなかったのですが、最近はそういう研究も少しずつ行なわれるようになってきております。

私どもは、この研究所あるいは本山先生を中心とした方がたの更なるご発展、あるいは素晴らしい成果がますます出るように心からお祈りいたします。
どうも有り難うございました。

良心の復権―21世紀における良心の諸問題

2000年4月8日　第1刷

編集者　本山カヲル
発行者　本山カヲル

発行所　宗教心理出版

〒181-0001　東京都三鷹市井の頭4-11-7
TEL 0422-48-3535　FAX 0422-48-3548
URL.http：//www1.ocn.ne.jp/~iarp

印刷所　㈱平河工業社

ISBN4-87960-056-3

本山 博 著作集

【超常現象の科学的研究・啓蒙書】

書名	判型	頁数	価格
超感覚的なものとその世界　ユネスコ哲学部門優良推薦図書	A5判	246頁	2,913円
Psiと気の関係　宗教と科学の統一	B6判	146頁	1,800円
フィリピンの心霊手術　心霊手術の科学的証明	四六判	265頁	1,300円
催眠現象と宗教経験	B6判	133頁	1,200円
宗教と超心理　催眠・宗教・超常現象	B6判	158頁	850円

【東洋医学の科学的研究書】

書名	判型	頁数	価格
生命物理研究2号　生体におけるエネルギー場について	A4判	25頁	2,100円
生命物理研究　創刊号　AMI測定電流の波形解析とその意味	A4判	14頁	1,900円
AMIによる　神経と経絡の研究	B6判	143頁	2,000円
東洋医学　気の流れの測定・診断と治療	B5判	308頁	10,000円
ヨーガの東西医学による研究	B6判	118頁	1,600円
経絡―臓器機能測定について	B5判	155頁	5,800円

【普遍的立場に立つ宗教書】

書名	判型	頁数	価格
場所的個としての覚者　人類進化の目標	A5判	255頁	3,107円
神秘体験の種々相Ⅰ　自己実現の道	A5判	287頁	3,398円
神秘体験の種々相Ⅱ　純粋精神・神との出会い	A5判	249頁	3,300円
宗教とは何か　人間に生きる力と指針を与える	B6判	138頁	1,524円
仮想から現実へ　コンピュータ時代における良心の確立	四六判	201頁	1,600円
愛と超作　神様の真似をして生きる	四六判	274頁	2,427円

宗教心理出版

※本体価格

本山 博 著作集

書名	副題	判型	頁数	価格
啓示された人類のゆくえ		四六判	312頁	2,718円
人間と宗教の研究	地球社会へ向けて	四六判	225頁	2,524円
地球社会における生き方と宗教	人類に幸せと霊的成長をもたらすもの	A5判	290頁	2,913円
霊的成長と悟り	カルマを成就し解脱にいたる道	四六判	239頁	1,262円
カルマと再生	生と死の謎を解く	四六判	262頁	1,942円
祈りと救い	真の祈りとは何か	四六判	232頁	2,039円
神々との出会い	苦しみを超え、真の自由、愛、智慧を得る	四六判	307頁	1,262円
宗教の進化と科学	世界宗教への道	A5判	196頁	2,200円
輪廻転生の秘密	再生、カルマとそれを超える道	四六判	210頁	1,300円

宗教心理出版

書名	副題	判型	頁数	価格
奇跡と宗教体験	神様に導かれたすばらしい人生	四六判	233頁	1,000円

【密教ヨーガ・瞑想指導書】

書名	副題	判型	頁数	価格
現代社会と瞑想ヨーガ		四六判	254頁	1,553円
チャクラの覚醒と解脱		A5判	368頁	3,689円
超意識への飛躍	瞑想・三昧に入ると何が生ずるか	B6判	190頁	1,262円
密教ヨーガ	タントラヨーガの本質と秘法	A5判	238頁	2,000円
自分でできる超能力ヨガ		四六判	252頁	1,262円

―― 名著刊行会 ――

書名	判型	頁数	価格
気・瞑想・ヨーガの健康学	四六判	240頁	2,500円
坐禅・瞑想・道教の神秘	四六判	250頁	2,330円
呪術・オカルト・隠された神秘	四六判	214頁	1,800円
宗教と医学	四六判	265頁	2,524円

※本体価格